区域一体化发展在县（市）层面的创新探索
——以四川阆（中）苍（溪）南（部）为例

顾永涛 刘长辉 等 著

科学出版社
北京

内 容 简 介

实施区域协调发展战略是新时代国家重大战略之一，县级单元之间协调发展是国家区域协调发展战略的重要组成部分。本书以四川省阆中市、苍溪县、南部县一体化发展为例，在空间组织、产业协作、设施建设、生态治理、民生保障、对外开放、制度改革等方面深入研究，系统性地提出县级单元之间协调发展的思路框架与具体路径，力争为国家进一步完善区域协调发展政策体系提供有力支撑，为相似地区的一体化发展提供借鉴。

本书对区域经济、公共政策等相关领域的从业者和研究人员具有一定的参考价值。

审图号：川S［2022］00031号

图书在版编目(CIP)数据

区域一体化发展在县（市）层面的创新探索：以四川阆（中）苍（溪）南（部）为例/顾永涛等著.—北京：科学出版社，2022.8

ISBN 978-7-03-072907-1

Ⅰ.①区⋯ Ⅱ.①顾⋯ Ⅲ.①县级经济–区域经济一体化–区域经济发展–研究–四川 Ⅳ.①F27.714

中国版本图书馆CIP数据核字（2022）第149742号

责任编辑：王 倩／责任校对：樊雅琼
责任印制：吴兆东／封面设计：无极书装

科学出版社 出版
北京东黄城根北街16号
邮政编码：100717
http://www.sciencep.com

北京虎彩文化传播有限公司 印刷
科学出版社发行 各地新华书店经销

*

2022年8月第 一 版 开本：720×1000 1/16
2022年8月第一次印刷 印张：11 1/4
字数：250 000

定价：148.00元
（如有印装质量问题，我社负责调换）

序　言

当前，我国经济发展已由高速增长阶段转向高质量发展阶段，这是党中央对新时代经济发展阶段特征的重大判断。区域发展不平衡不充分问题事关国家高质量发展全局，事关亿万群众共同富裕的大局，必须下极大的力气不断予以解决。党的十八大以来，国家层面的重大区域发展战略加快推进，包括京津冀协同发展、长江经济带发展、粤港澳大湾区建设、长三角一体化发展、黄河流域生态保护和高质量发展等，已经成为新时代完善国家发展新格局的重要支撑。在宏观政策层面指导之下，县级单元之间协调发展如何破局，如何将推动县级区域层面协同发展落到实处，如何形成共同发展共同受益的政策制度环境，是国家中观层面和地区层面落实区域协调发展战略的重要任务和关键环节，对推动不同地区协调发展具有十分重要的意义。

县级单元作为国家治理、经济发展和社会服务的基础单元，肩负着统筹地区社会经济发展和保障民生的重任，在国家现代化发展进程中具有十分重要的地位。2020年底，我国共有县和县级市1869个，县域（含县级市）常住人口达7.48亿人，占全国总人口的比例达到53%，县城城镇常住人口2.5亿人，占全国常住人口的30%。全国1800余个县和县级市，经济总量更是达到了全国的40%。据赛迪报告，仅占土地面积2%、人口数量7%的综合实力百强县城，联手缔造的经济生产总量占据了全国GDP的10%，还涌现出42个过千亿产值的县级单元，多位于东部发达地区和大都市圈层地区。它们的进步提供了县级单元接受中心城市辐射带动、实现特色化发展的宝贵经验，极大地增强了县级单元协同发展的信心。

在看到这些发展成绩的同时，我们还要清醒地认识到国内县级单元发展的普遍不平衡，部分地区县级单元在区域协同发展方面面临着诸多的挑战与难题。县级单元行政等级处于社会治理体系的下部，发展能级相对有限，规模效益递减明显，政府财力、人力资本、市场资源等要素配置方面面临较多不足，通过"单打独斗"破解县域发展瓶颈的难度还是比较大的，尤其是远离经济发展优势中心地区的县（市）面临的发展局面更为严峻，如豫东南、苏北、粤东、粤西、鲁西南、川东北、皖西北等地的县（市），相对于省内发达地区，经济普遍欠发达，内生发展动力不足，而这些县（市）恰恰是巩固拓展脱贫攻坚成果、有效衔接乡村振兴战略的主战场。

各级政府始终在探寻着符合本地实际的区域协同发展道路。2018年，四川省委针对四川省有183个（全国最多）县（市、区），发展极不平衡不充分的问题，提出"推动毗邻人口大县协同发展"的思路，极具四川地域特色，完全符合四川这个内陆大省的发展需要。位于四川东北部的三个体量相似的毗邻县（市）——阆中市、苍溪县、南部县（以下简称"阆苍南"），常住人口约有200万人，三县（市）共同落实四川省委的要求，通过"抱团"积极探索区域协同发展的规律，较好地解决了县级单元区域地位边缘化、资源统筹不足、运行成本较高等问题，一定程度地促进了区域均衡协调发展。

国家发展和改革委员会城市和小城镇改革发展中心长期致力于研究国内区域协调发展问题。该中心的顾永涛同志带领课题组长期跟踪研究阆苍南地区的协同发展，不断总结提炼基层实践经验形成了本书，尤其是提炼出阆苍南一体化发展在四个方面初步显现的独特创新价值。一是区域协调发展的创新之举。阆苍南三县（市）的一体化发展，具有破局探索县级单元协同发展方面的理论与实践价值。二是巩固脱贫成果的创新之举。加快阆苍南一体化发展，推动三县（市）以扶贫协作为引擎，激活和激发发展的内生动力，探索出一条贫困地区转型发展、创新发展、跨越发展的新路子。三是强化县域经济的创新之举。阆苍南通过"抱团取暖"的要素优化配置方式提升区域竞争力，在南充、达州、广元之间，形成一个足以辐射过渡地带的区域极核，较好地解决了区域发展局部塌陷问题。四是推动县（市）配套改革的创新之举。

我很赞同书中提出要进一步完善的相关机制和配套措施。一是进一步探索经济区与行政区适度分离的"治理体系重构"。采用高效精简的管理体制，降低政府行政成本。优化政绩考核机制，强化政策协同支持，构建动态的发展权限配置机制。二是加快完善利益分配共享机制。推进园区合作共建，尽快建立长效的利益共享机制并促进达成共识和契约，平等协商确定收益分享比例并根据外部条件变化动态调整。发挥各地区比较优势，因地制宜建立特色资源资产交易平台和特色产业促进基金等，激发市场主体参与的积极性。三是强化一体化发展的土地要素保障。按照一体化发展目标，编制一体化的国土空间规划，建立统一的土地利用管理平台，努力保障一体化开发的建设用地需求。

龙苍南一体化发展的前瞻性探索具有较高的理论和实践意义，为国家进一步完善县级单元的区域协调发展政策体系提供了基层规划与治理的实践经验，对全国类似的县（市）发展具有重要借鉴意义，对政府有关部门以及从事区域经济研究的专家学者，具有一定的参考价值。该书对于弥补这一领域研究薄弱及案例短缺，是十分及时的。

教授级高级城市规划师
住房和城乡建设部村镇司原司长
中国城镇化促进会副主席
2022 年 7 月

目 录

第1章 绪论 ·· 1
　1.1 区域一体化的概念 ·· 1
　1.2 我国区域一体化的政策脉络 ·· 3
　1.3 县级单元一体化发展的困境与必要性 ···································· 5
　1.4 阆苍南一体化发展的创新价值 ··· 7

第2章 区域一体化专题研究 ·· 10
　2.1 毗邻县级单元产业协作的机理和模式研究 ······························ 10
　2.2 毗邻县（市）国土空间协同治理的战略性思考 ························ 17
　2.3 比较视角下的县级单元生态一体化保护策略研究 ····················· 23
　2.4 毗邻县（市）文化旅游公共服务一体化研究 ··························· 30
　2.5 政府治理尺度重构视角下的区域一体化机制创新 ····················· 38

第3章 阆苍南一体化发展的总体思路框架 ································· 46
　3.1 发展条件研判 ··· 46
　3.2 现实问题思考 ··· 50
　3.3 当前机遇分析 ··· 51
　3.4 发展思路建构 ··· 53
　3.5 目标定位明确 ··· 55

第4章 构建阆苍南协同发展空间格局 ······································· 57
　4.1 形成"一带、三核、多点、多廊"的总体布局 ························· 57
　4.2 建立全域覆盖的国土空间管控分区 ······································ 60
　4.3 强化重点区域的空间划定与引导 ··· 61
　4.4 塑造特色鲜明的城市魅力空间 ·· 65

第5章 加强协同创新产业体系建设 ··· 70
　5.1 融入成渝地区双城经济圈产业发展格局 ································· 70
　5.2 推动产业协作发展 ··· 73
　5.3 优先推动文旅统筹协调 ·· 77
　5.4 优化工业差异发力模式 ·· 81
　5.5 创新农业产业链合作 ··· 85

第6章 加快基础设施互联互通 ·········· 90
6.1 构建内联外畅综合交通体系 ·········· 90
6.2 健全跨区域的能源水利体系 ·········· 98
6.3 协同打造智慧阆苍南体系 ·········· 101
6.4 创新基础设施管理模式 ·········· 103

第7章 强化生态环境共保联治 ·········· 105
7.1 加强区域生态保护修复 ·········· 105
7.2 推动城乡环境综合整治 ·········· 111
7.3 建立健全生态环保长效机制 ·········· 115

第8章 建设宜居宜业宜游的优质生活圈 ·········· 118
8.1 共享高品质教育医疗资源 ·········· 118
8.2 共同繁荣发展文化体育事业 ·········· 121
8.3 合力营造良好的就业创业环境 ·········· 123
8.4 促进社会保障与社会治理合作 ·········· 126

第9章 高水平协同推进对外开放合作 ·········· 129
9.1 主动融入国家重大区域发展战略 ·········· 129
9.2 争创川港澳文旅合作先行示范 ·········· 132
9.3 深化东西部协作和对口支援 ·········· 134
9.4 全面提升经贸合作水平 ·········· 136
9.5 加强国际人文交流合作 ·········· 137

第10章 创新一体化发展机制 ·········· 139
10.1 取长补短，推动既有试点互享互鉴 ·········· 139
10.2 通力合作，争取更多试点示范政策 ·········· 144
10.3 率先探索，创建协同发展合作示范区 ·········· 152
10.4 优化管理，降低政府行政成本 ·········· 158
10.5 健全市场一体化发展机制 ·········· 162
10.6 推进巩固拓展脱贫攻坚成果与乡村振兴有效衔接 ·········· 164

主要参考文献 ·········· 169
后记 ·········· 171

第1章 绪　　论*

　　《中华人民共和国国民经济和社会发展第十四个五年规划纲要》提出，要深入实施区域重大战略和区域协调发展战略。习近平总书记强调，要结合新形势新要求，发挥各地区比较优势，促进各类要素合理流动和高效集聚，推动形成优势互补高质量发展的区域经济布局。国家宏观层面的区域协调战略正在全方位推进，以京津冀协同发展、粤港澳大湾区建设、长三角区域一体化发展等为代表的重大区域发展战略陆续出台。城市之间也应自发地提高协同力度，通过构建优势互补、资源共享、设施共建的合作机制，形成内生发展合力。县域作为我国国家治理、经济发展和社会服务的基础单元，存在较高的"抱团取暖"的合作需要，普遍希望通过一体化进程融入区域分工网络、共同对接区域核心城市、合力开拓区域内外市场。新阶段探索县级单元之间的一体化发展具有重要的现实意义和研究价值。

　　位于四川省东北部的三个毗邻县（市）——阆中市、苍溪县、南部县（以下简称"阆苍南"），常住人口约有 200 万，三县（市）山水同脉、文化同根、空间相近、民间相通，通过分工协作整合各方力量，促进了区域均衡协调发展。阆苍南的探索为我国其他地区体量相近、跨行政区的中小城市一体化发展提供了很好的参考，具有较高的借鉴意义。

1.1　区域一体化的概念

　　顾名思义，"一体化"是将各个部分结合为一个整体。"一体化"曾流行于国际政治界，但随后冷战时期世界政治格局变化，这种国家间政治伙伴关系的现实意义已呈弱化。现今"一体化"主要指区域经济学话语中的区域一体化。在空间区域视角下，"一体化"指地域之间超越边界和距离影响，建立互相协作的政治和经济关联，达到自我封闭发展难以企及的区域发展能力，形成"1+1>2"

---

* 本章作者：顾永涛、周君、王雪娇。

的效果。

在区域经济理论和区域协作实践中,"一体化"强调按照地域经济内在联系、商品流向、文化传统以及社会发展需要,形成具有区域分工与协作基础的区域经济整合,即通过打破行政壁垒、改善交通通信和强化协同机制等路径,在不同行政主体单位之间形成密切的经济和社会协作关系。"一体化"指以整合为方向的动态进程,即地域之间联系的深度和广度延展,特别是指地域之间区际壁垒的消融和区际互动的深入。同时,"一体化"也指一种整合状态,即地域之间密切联系和彼此深刻互动的一种正式或非正式的联合体状态。

一体化可以是不同区域尺度的。全球化即是反映动态进程的广义一体化在最大空间尺度上的呈现;小尺度空间的一体化可以指相邻城市之间的一体化甚至同城化发展。不同空间尺度的一体化所反映的一体化内容和程度均有较大的差异性,根据不同的尺度,可将区域一体化划分为国际一体化、跨国次区域一体化、国内区域一体化、同城化等类型(表1-1)。

表1-1 不同空间尺度的区域一体化

一体化的空间层次	核心特征	典型
国际一体化	主权国家之间市场一体化过程,从产品市场、生产要素市场的一体化开始,以自由贸易区、共同市场、关税同盟等形式,向经济政策统一逐步深化	欧盟、东盟、北美自由贸易区
跨国次区域一体化	不同国家的一部分组合在一起开展区域经济合作,利用交界地带的地理接近性和良好的基础设施,通过资源合并和产业互补,释放规模经济和地理集聚带来的整体发展效率	湄公河区域三角、图们江区域三角
国内区域一体化	不同行政主体单元之间,基于地域经济内在联系、产业分工、文化传统等需要,通过破除行政壁垒、强化交通基础设施互联和完善协同机制等路径,形成密切经济和社会协作关系。其中,同城化是邻近城市之间深度一体化的特别状态	京津冀、长三角、粤港澳、成渝、郑汴
同城化	同城化是邻近城市之间深度一体化的特别状态。需要特别指出的是,除产业协作和交通等设施互联外,同一城市内部一体化更强调:①密织的交通网络;②工作往来密切、通勤带叠加;③城市日常活动交织、1小时生活圈;④日常设施共享共用;⑤市民原有属地意识弱化消除	广(州)佛(山)、宁(南京)镇(江)扬(州)、成(都)德(阳)、内(江)自(贡)

1.2 我国区域一体化的政策脉络

1.2.1 我国区域一体化的核心特征

我国的区域经济合作成熟于改革开放时期，初衷在于摆脱计划体制下的行政束缚，破除区域内部各地市场封闭的状态。总体来看，我国的区域一体化政策带有明显的中国特色，服务于国家总体的区域经济协调发展战略。中央通过推动地方政府间的横向经济合作，实现区域均衡发展的大局。党的十八大以来，我国实施了一批重大区域发展战略，包括京津冀协同发展、长江经济带发展、粤港澳大湾区建设、长三角一体化发展、黄河流域生态保护和高质量发展等，探索形成了重大战略引领的区域发展新模式。跨区域合作政策作为区域协调战略的重要支撑发挥着关键作用。为实现区域均衡发展和全面建设小康社会的总体目标，各项政策全方面引导，加强东、中、西和东北地区的经济交流、合作和帮扶，以扭转地区差距、工农差距和城乡差距扩大的趋势。除了国家主导的区域板块之间的合作之外，次区域的协同发展同样服务于特定范围的区域均衡发展战略。例如，四川省提出的鼓励毗邻县（市）的一体化，同样也是服务于四川省"一干多支"的区域发展战略部署，希望通过一体化的方式提升次级区域板块的竞争力，实现全省均衡发展。

1.2.2 我国区域协作政策的演变历程

我国政府十分注重区域协调发展中的地方政府协作，通过一系列的政策，逐步加强区域协调发展中的地方间协作，力图通过创新区域协调机制来提升区域治理能力、完善区域治理体系，具体可分为以下四个阶段（表1-2）。

表1-2 我国区域协作的政策脉络

阶段	代表年份	政策及文件
阶段一	1958年	划定全国七个经济协作区。中央为了集中各省（自治区、直辖市）有限的经济力量，重点保证一批重点工程和骨干工业项目的建设，同时协调各省（自治区、直辖市）间的经济联系

续表

阶段	代表年份	政策及文件
阶段一	1980 年	《国务院关于推动经济联合的暂行规定》提出"扬长避短、发挥优势、保护竞争、促进联合"十六字方针,我国地方政府之间横向经济合作的序幕正式拉开
	1986 年	《国务院关于进一步推动横向经济联合若干问题的规定》
	1996 年	"九五"计划提出"坚持区域经济协调发展,逐步缩小地区发展差距"
阶段二	1999 年	西部大开发战略
	2003 年	振兴东北战略
	2006 年	中部崛起战略
阶段三	2009 年	国务院批复《珠江三角洲地区改革发展规划纲要（2008—2020年）》;广东省出台《关于加快推进珠江三角洲区域经济一体化的指导意见》
	2010 年	国务院批复《长江三角洲地区区域规划》
阶段四	2014 年	2014 年政府工作报告明确提出京津冀一体化方案,目的是加强环渤海及京津冀地区经济协作
	2015 年	《国家发展改革委关于进一步加强区域合作工作的指导意见》
	2018 年	《中共中央国务院关于建立更加有效的区域协调发展新机制的意见》

阶段一：从中华人民共和国成立初期到 20 世纪 90 年代，计划经济时代的经济跨区协调。

阶段二：从 20 世纪 90 年代中后期到 21 世纪初，以西部大开发、振兴东北、中部崛起为核心的区域经济协调发展战略，以缩小地方差距为目标。

阶段三：从 21 世纪初到党的十八大前，重点板块自主一体化的探索阶段，包括珠江三角洲（简称珠三角）、长江三角洲（简称长三角）、京津冀等重点地区。

阶段四：党的十八大以来，中央政策和地方实践全面推进区域合作，以提升综合竞争力为目标。

1.2.3 我国区域一体化进程加速的原因

在经济全球化与区域经济一体化背景下，我国区域一体化水平不断提高，跨行政区的经济联合、产业协作和要素流动日益频繁，这与世界经济环境的变化、我国发展模式的转型、治理体系的调整以及信息技术的进步都存在一定的关系。

世界经济全球化的冲击。我国在长期计划经济体制下形成的单体城市或行政区经济自闭式的经济发展模式，受到经济全球化和区域化的强势冲击（王海波，2006）。随着全球化竞争的加剧，每个国家经济体为了增强本国的经济实力和国际竞争力，开始将经济一体化的大都市区作为参与国际竞争的主要经济主体，通过一体化进程进行资源整合，加强合作，提升一体化地区的整体竞争力。

区域产业结构的调整和优化。随着我国工业化和市场化的发展，地区间的产业分工进一步强化，逐步由部门间分工向部门内或产品间分工，甚至同一产品不同生产环节的分工转变，这意味着传统的垂直型区域合作逐渐转向高层次的水平型区域合作。不论是发达地区之间，发达地区与不发达地区，还是不发达地区之间，都要着眼于各自产业结构的升级，根据市场效率原则加强分工协作，以促进各地区经济的有序发展。

区域公共事务要求跨区域协调治理。传统碎片化的行政区管理模式很难有效应对跨区域事务，随着对治理能力现代化的要求日益提高，地方政府之间的协作显得越发重要，尤其在生态环境等具有负外部性的领域。近年来，国家密集出台对区域环境协作治理的一系列政策性要求，提出污染联防联控的协作机制，支持探索流域环境治理和上下游生态补偿等创新机制。

技术进步和网络信息化的快速发展。商品和要素的流动范围逐渐突破了地理区域的限制，地区之间的经济合作与竞争逐渐频繁，企业经营全球化和政府引导下的区域一体化不断被强化，促进地区之间不断加强区域合作，没有任何一个区域经济能脱离其他地区得到发展。

1.3 县级单元一体化发展的困境与必要性

1.3.1 县级单元一体化面临的困境

行政等级较低，统筹协调能力受限。县级单元之间的一体化，由于地位平行、行政等级较低，多数县级单元之间的合作事项无法独立决策，而需要更高级别机构的审批和统筹协调，特别是牵涉体制机制改革创新的内容，即使县级单元有了较好的政策设计，也需要上级机构的批复方可推行。在资源要素调配方面更是如此，县级单元可以为市场化的生产要素流动取消门槛，然而对于道路交通等大型基础设施而言，受行政和部门分割的制约较大，在实际操作过程中易出现对接不充分等问题。

向心凝聚的动力小于向外借力的激励。合作联盟的成功建立，取决于某一地区能否为"伙伴"提供既不能由自己创造又不能轻易通过市场机制获得的战略资源（李景海，2013）。县级单元缺乏区域中心城市所独有的资源、资产或"渠道"，因此对于单个县（市）而言，与区域中心城市等增长极的合作是其最直接的突围路径，向外寻求合作的动力远大于相互间的合作。

合作所需的梯度差和互补性不足。从现实情况看，如果地区之间存在发展阶段差异和产业发展梯度，那么合作将更易发生。从国内其他地区的成功案例来看，无论是广（州）佛（山）、深（圳）（东）莞、深（圳）汕（头）等毗邻地区的产业协作，还是更大区域范围的产业转移，都属于因双方发展阶段和产业结构的不同所引发的互补型合作。然而，对于相互毗邻、同等体量的县级单元而言，通常发展阶段相近、产业结构相似、资源禀赋相仿，协作所需要的梯度差并不突出，需另辟蹊径寻求合作的共同利益，才能强化合作的内在动力。

1.3.2 县级单元一体化发展的必要性

1. 一体化发展是毗邻县（市）提高竞争力的重要出路

抱团发展有利于解决县（市）普遍面临发展动力不足问题。县域经济普遍总量不大、质量不高，产业结构相对简单，缺乏支柱型龙头企业、技术研发能力严重不足、人才缺失等制约经济发展。伴随城市群、都市圈等区域性战略不断推进，临近中心城市的县（市）能够更好地接受中心城市辐射带动，迎来更多发展机遇；而远离经济发展优势区的县（市）面临的发展局面则变得更为严峻。在全国393个人口超过70万的县（市）中，大多数位于豫东南、苏北、粤东、粤西、鲁西南、川东北、皖西北等欠发达地区，受到中心城市的辐射带动作用微弱，人均发展资源占有量小，内生发展动力不足。而这些县（市）恰恰是巩固拓展脱贫攻坚成果、有效衔接乡村振兴战略的主战场，亟需通过探索一体化等新的发展模式寻找出路。

协同发展有利于提升整合区域优质资源形成发展合力。在区域发展中，如果各地都追求自我服务、自我循环、自成体系，将不利于各地特色和优势的发挥，更不利于区域整体资源的高效利用。当前，在地方分权和行政主导经济发展的格局作用下，经济运行被分割成无数相互隔绝的经济区单元，导致每个经济区都试图构建自给自足的产业体系。因此，通过探索经济管理权限与行政区范围适度分离等方式，打破行政壁垒，促进互联互通，降低要素流通成本，避免恶性竞争和重复建设，可以促进区域资源和设施得到更合理的配置，从而提升区域产业的综合竞争力。

2. 不改变现有行政区划的一体化发展更易操作且具有推广价值

按照以往做法，如果利用既有城市等级管理体制扩展行政管辖空间、推动区域协同发展，往往以调整行政区划作为关键突破口。但远离中心城市与城市群等经济发展优势区域的县级单元，很难通过"撤县设区"的方式融入并借力优势区域发展。而且，行政区划的变更已更趋严格，其中部分做法所面临的风险挑战也受到越来越多的关注。

一是通过行政区划调整实现协同整合的难度变得更大。根据2019年1月1日起施行的《行政区划管理条例》，县（市）行政边界重大变更需经国务院批准。伴随经济社会发展进入新阶段，贯彻落实治理体系和治理能力现代化要求，更为规范和严格的行政区划管理已是趋势。通过直接的重大行政区划变更，"简单粗暴"推动区域一体化发展，在当前以及未来一段时期实施的成本将更高、难度也更大。二是区划变更的信号可能进一步增加协调沟通成本。县级单元提出的行政区划合并设想，一方面可能引发利益受损者的抵触情绪和社会舆论压力，另一方面可能面临所属地级市方面的阻力。三是"撤县设区"对协同发展的积极效果存疑。"撤县设区"就近融入区域中心城市，在一定程度上不利于按照市场规律配置要素和资源，多地实践表明其对区域协同发展的效果并不是很理想。

1.4 阆苍南一体化发展的创新价值

1.4.1 区域协调发展的创新之举

随着国家宏观层面的区域协调发展加快推进，区域发展的协调性明显增强，区域比较优势进一步发挥，区域发展差距逐渐缩小。

目前，我国较为成熟的区域协调发展实践尚停留在"以大带小""以强促弱"的特大城市带动周边城市的模式，如广州与佛山、上海与昆山等。县级单元之间协调发展是国家实施区域协调发展战略的重要组成部分，目前尚未形成具有普适价值的案例。阆苍南地处革命老区和区域发展洼地，都曾经是国家级贫困县，具有较强的县级单元代表性。三个体量相似的县（市）探索一体化发展，具有重要的理论与实践探索价值，能够为国家进一步完善区域协调发展政策体系提供重要经验。

1.4.2 巩固脱贫成果的创新之举

2018年11月，中共中央国务院发布了《关于建立更加有效的区域协调发展新机制的意见》，对推进区域协调发展制定了一系列新的战略部署。其中"补短板"是区域协调发展的关键环节，要求继续支持革命老区、贫困地区、民族地区、边疆地区等改善生产生活条件，实现人民生活水平大体相当。

阆苍南地处秦巴干旱区走廊腹心，均为脱贫攻坚主战场。"十三五"时期，阆中成功实现142个贫困村退出、6.5万贫困人口全部脱贫，被评为中国地方政府防贫效率"百高县"、四川脱贫摘帽先进县；苍溪成功实现214个贫困村退出、9.6万贫困人口全部脱贫，连续4年位列四川脱贫攻坚年度考核"好"的等次；南部成功实现198个贫困村退出、10.2万贫困人口全部脱贫，荣获"全国脱贫攻坚组织创新奖"。

加快阆苍南一体化发展，推动三县（市）以扶贫协作为载体，用足用好脱贫攻坚政策，巩固脱贫攻坚成果，在补齐发展"短板"的同时，促进资金、项目、技术、信息、人才等跨县（市）流动和整合，有利于激活和激发阆苍南的发展内生动力，探索一条贫困地区转型发展、创新发展、跨越发展的新路子。

1.4.3 强化县域经济的创新之举

县域经济是我国国民经济的基础，在整个国民经济发展中具有非常重要的地位。四川省相较于沿海地区经济发展水平落后，很大程度上体现在县域经济的落后。成都作为四川省会的聚集效应显著，2020年实现GDP 17716.7亿元，常住人口达到2093.8万，占全省比例分别为36.5%和25.0%。为了更好地调动其他城市与地区的积极性，充分发挥成都"主干"引领辐射带动作用和各区域板块"多支"联动作用，需要有选择性地打造一批区域增长动力源，构建形成以县域经济为基础的区域融合互动发展新格局。

具体到阆苍南所在的川东北经济区来看，川东北经济区经济发展水平较低，与全省发展还有较大差距；产业整体层次和集聚度较低，经济增长内生动力较弱。区域内有南充、达州、广元等中心城市，但经济实力偏弱，辐射带动作用不强。阆苍南距离南充、广元的中心城区较远，难以接受到区域中心城市的辐射带动，单打独斗的发展模式也不利于整体竞争力提升。因此，阆苍南需要"抱团取暖"，通过培育以县域经济为基础的区域增长新动力源，解决区域局部塌陷问题，对于全省、全国都具有借鉴意义。

1.4.4 推动县（市）改革的创新之举

古语说"郡县治、天下安"，两千多年来，县级单元基本稳定如初，为中国的经济社会发展做出了独特的贡献。中国经济社会发展进入新时代，资源要素要实现更加合理的高效配置，需要冲破传统的行政区划束缚。同时，基层治理和建设任务繁重，比以往要更加注重发挥县级单元的基础性支撑作用。县（市）在独立建制的基础上，通过创新的办法，最大限度地实现协同规划、建设、治理一体化，是下一步行政体制改革的重点领域。

四川省下辖183个县（市、区），在全国最多。在推动县（市、区）改革的过程中，三县（市）联系紧密、资源要素集聚成本低、体制机制灵活、创新的弹性大，船小好调头，这决定了三县（市）协调发展能够保持较高的经济和社会活跃度，有利于人流、资金流、信息流等更为畅通地流动交换，打通区域壁垒，形成发展合力。阆苍南探索一体化发展的体制机制改革创新路径，对于四川省其他县（市、区）和全国类似县（市、区）的发展都具有重要价值。

第 2 章　区域一体化专题研究*

2.1　毗邻县级单元产业协作的机理和模式研究

区域产业协作着眼于劳动力、资本、信息、技术等产业相关要素的跨区域流动，旨在通过产业链条的优化、产业组织结构的调整以及产业资源的高效配置来实现区域间的互利共赢。产业协作作为区域经济一体化的核心，其协作的力度将决定区域协调的深度和广度。当前针对产业协作问题的研究，大部分关注于较大的区域范围，以较为成熟地区为研究对象，如长三角、京津冀、成渝等地（罗若愚和赵洁，2013；毛汉英，2017；安树伟和王宇光，2017），并以核心城市向外围的产业梯度转移和产业辐射为主要关注点（赵玲玲和张仁杰，2010；石林，2015）。相比之下，缺乏对同等级别城市间合作的探讨，特别是缺乏对次区域、中低等级城市间合作的关注。但从实际情况来看，中小城市存在较高的"抱团取暖"的合作需要（索超，2019），更加希望抱团融入区域分工网络、联合对接区域核心城市、合力开拓区域内外市场，从而提升自身产业水平和经济能级。

在成渝地区双城经济圈区域合作的总体框架下，阆苍南次区域一体化的探索不容忽视。自 2018 年 11 月 21 日四川省实施"一干多支"发展战略以来，阆苍南一体化被视为推进川东北经济区高质量发展的重要支撑。三县（市）空间毗邻，地域文化同源，基础设施互联，民间联系紧密，生活圈相互重叠，近年来，文化旅游等领域的市场化产业协作逐步涌现，产业协作的内在动力日益增强。与此同时，阆苍南的一体化进程面临着行政分割、能级偏低、动能不足等一系列阻碍，亟须通过协作模式的创新和体制机制的突破，引导和推动产业协作进一步走深、走远。阆苍南作为西部典型的县级单元代表，对其产业协作机理和模式的实证研究，将为我国其他同类型地区的产业协作与一体化发展提供较好的借鉴。

---

* 本章作者：周君、秦静、王雪娇、文雯、刘长辉。

2.1.1 县级单元产业协作的困境

对于等级相同、体量相当的县级单元而言，产业协作面临较大的合作难度。

1. 产业梯度差不明显，互补型产业协作难以实现

产业协作有赖于不同经济地理空间存在的"成长差"，以及不同区域产业主体之间存在的"利益差"，二者共同构成了"产业差"，以此奠定产业协作的基础（向晓梅，2010）。从现实情况看，如果地区之间存在发展阶段差异和产业发展梯度，那么合作将更易发生。然而，对于相互毗邻、同等体量的县级单元而言，通常发展阶段相近、产业结构相似、资源禀赋相仿，产业协作所需要的"产业差"并不突出。以阆苍南为例，三县（市）皆处于工业化、城镇化中期，产业链集中在初级加工、一般制造业等传统产业，产业并不具备明显的互补性，这构成三县（市）产业协作面临的首要问题，需另辟蹊径寻求合作的共同利益，才能强化合作的内在动力。

2. 向心凝聚的动力小于向外借力的激励

产业协作的根本目的在于通过合作可以获得特定创造价值的资产或"渠道"。县级单元缺乏核心城市所独有的资源、资产或"渠道"，其自身接受区域内核心城市的辐射，而对相邻区域的影响较为有限，辐射带动能力甚至难以覆盖整个县（市）域。因此对于单个县级单元而言，与区域中心城市等增长极的合作是其最直接的突围路径，向外寻求合作的动力远大于相互间的合作。对于位于成渝地区双城经济圈辐射范围内的阆苍南而言，与成都和重庆两大中心城市的紧密对接是三县（市）发展突破的关键，相比之下阆苍南之间的分工与协作相对而言并不紧迫。

3. 行政等级较低，统筹协调能力受限

县级单元之间的协作，由于地位平行，缺少行政级别较高的城市统筹。由于自身的行政等级较低，多数县级单元之间的合作事项无法独立决策，而需要更高级别机构的审批和统筹协调，特别是牵扯体制机制改革创新的内容，即使县级单元有了较好的政策设计，也需要上级机构的批复方可推行。阆苍南受行政分割的影响更大，三县（市）分别属于南充、广元两个地级市，三县（市）经济一体化发展必须要依靠上级单元的统筹协调，这加大了三县（市）推动产业协作和一体化发展的行政成本。

2.1.2 县级单元产业协作的必要性

即使面临较多的协作困境，县级单元之间的产业协作仍有必要。一方面，产业协作对于各个层级发展主体都有价值。协同发展的根本目的是要素的优化配置和资源的高效利用，以增强内生的发展动力。当前，国家宏观层面的区域协调发展正在全方位推进，各省级单元内部不同板块之间以及不同板块内部亦应提高协调力度，以促进各个层级的各类要素合理流动和高效集聚，县级层面生产要素高效利用与生产活动充分衔接，亦有助于提升其竞争优势。

另一方面，产业协作的缺乏将造成区域资源浪费。从阆苍南的情况看，毗邻地区的旅游开发由于对接衔接不足，多处交叉的旅游资源不能得到有序开发。例如云台山、升钟湖处于苍溪县和阆中市的交界处，禹迹山景区处于阆中市和南部县的交界处，因各地执行不同的规划，缺乏统一有序的指导，造成旅游设施重复建设，单打独斗的旅游宣传效果不甚理想。旅游配套的基础设施建设也出现了诸多待协调的问题，例如，三县（市）内的道路断面宽度不同、断头路较多等道路交通问题影响了旅游体验。产业协作的有效推进将较好地避免此类资源的浪费，从而提升区域产业的综合竞争力。

2.1.3 县级单元产业协作的模式创新

一般认为，区域产业协作主要包括三种模式，即基于产业链的产业协作模式、基于市场关联的产业协作模式和基于创新的产业协作模式。考虑到县级单元产业协作的独特性，从双方合作才能完成的共同利益目标入手，可将以下三类模式作为协作的突破口。

1. 以共链产业的对接，提升产业发展效率

基于产业链的合作模式，通过在供应链不同环节的分工协作，以获得稳定的上游产品供给，属于垂直型产业协作。产业要素充分流动是这一合作模式的主要实现方式，一方面通过原材料、上下游中间产品等要素的综合调度可实现生产成本的降低；另一方面以产业链的形式整合区域内全部的要素资源，可进一步发挥出资源利用的规模效应。产业发展中存在的重复建设和无序竞争问题也可得到有

效的缓解。在实际操作中，该合作模式需在大的产业门类之下，寻找产业链不同环节存在的差异性特点，识别各自擅长的产业细分领域的关联性，可通过生产要素整合和政府有关政策调整等，共同建设网络分工或者节点配套的产业模式，形成产业集群，进而优化资源配置，增强整体竞争力。

2. 以共同市场的开拓，带动优势资源整合

基于共同市场开拓的产业协作，通常以产业联盟、策略联盟的方式，以建立区域市场和供应网络为目标，通过水平的联系将空间分散的资源捆绑在一起，并通过建立统一的产品标准，打响共同的区域品牌。由于文化旅游资源具有外部性和不可复制性，而生态旅游资源单点引爆不如环线串联，景点之间的合作诉求大于竞争，将多地的优质特色资源总体打包，共同打造旅游产品，将有助于提升区域的旅游知名度和能级，发挥出总体大于部分的协同优势。

3. 以软环境的共建，优化区域产业生态

区域间的产业协作不再局限于获取要素资源、扩展市场等竞争性领域，而是以提升区域整体产业能级为目标（向晓梅，2010），开展技术、制度等领域的合作，强调创新环境等软要素的塑造。例如，借力区域内外的高端创新资源，共同搭建产业创新要素共享平台，以仪器、专利、人才等创新资源的共享推动区域层面的产业链优势互补和资源调度，催生区域的创新原动力。此外，以产业联盟等形式共同建立一套高质量的质量标准体系和服务标准体系，共同建设高标准市场体系，共同打造区域品牌印象，对标"德国制造""日本制造"，建立可为地域产品的品质进行背书的品牌。

2.1.4 阆苍南产业协作的路径选择

1. 阆苍南产业协作的基础条件

阆苍南分别在三次产业具有独特的发展优势。阆中在文化旅游引领的服务业方面优势突出，苍溪以生态农业和休闲农业为特色，南部则在加工制造业方面表现突出。三县（市）依托各具特色的产业，有条件、有基础形成错位互补发展的产业链条。以农产品加工为例，张飞牛肉是阆中旅游的拳头产品，由阆中的张飞牛肉、华珍牛肉及苍溪的元坝尚绿农牧等食品企业生产，而原料肉牛则大量购

置于苍溪的各大肉牛养殖基地，从养殖到深加工的跨地区产业链合作正在逐步形成。

其次，三县（市）之间交通联系便利，联系强度较高，已经形成了半小时通勤圈、生活圈、经济圈，完全能够在一体化发展中打造经济增长极。具体来看，西昆高铁、兰渝铁路过境且在三县（市）都设有站点，三县（市）之间有兰海高速、G212线等干线公路连接，千吨级船舶可从广元港出发经过苍溪、阆中、南部直达南充港，进而沿江而下至重庆驶入长江。此外，三县（市）是巴人文化的重要发祥地之一，拥有共同的历史和文化基因，民间联系紧密。

2. 阆苍南共同市场的开拓

从文化旅游合作入手，合力打造成渝旅游主核板块。阆苍南文化旅游已有良好的合作基础，应进一步将阆中文化特色的旅游资源、苍溪农业生态为特色的旅游资源及南部以亲水为特色的旅游资源相互串联、综合叠加，形成区域多层次高品质的文化生态旅游产品，同时在各自有差异的地方继续保持独立的比较优势。阆苍南地区历史文化悠久，水系丰富，自然山水景观多样，区域内遍布各类人文和自然生态的旅游资源，又以嘉陵江沿岸最为富集，沿江资源整体聚合的潜力巨大，存在多种游线组合的可能性。因此，应依托嘉陵江全江渠化工程，构建成渝旅游大区中唯一的一条山水人文交织的流域旅游带，以"阆苍南旅游区"为整体进行抱团营销，以"门票互卖、广告互设、网站互通、商品互推、活动互办、分社互设"为内容，三县（市）互动宣传，形成合力。

瞄准成渝区域级市场，共建川渝高端山地农产区。瞄准成渝地区高消费人群，抢占高端农产品市场。立足"生态、有机"特色，加强品牌创建，推动全域农产品质革新，建设高标准高质量农产基地，创新文旅产品设计、农产品文创品牌打造、旅游市场销售与网络销售等的全产业链深度融合，提高"阆苍南"生态农产品品牌知名度。并转变营销策略，通过"互联网+生态农业"的方式，精准对接区域高端人群消费需求，瞄准高端礼品市场，将农产品卖成奢侈品。

联合打造川东北职教联盟，输出高品质劳动力资源。除旅游资源外，发挥阆苍南所在的川东北地区另一项最重要的核心资源人力资源的优势，瞄准成渝地区乃至全国的劳动力需求，摸底本地已有的职教资源和培训资源，近期以旅游人才和家政人才的教育培训为突破口，充分挖掘丰富劳动力资源，与文化旅游等本地特色产业以及家政服务等高需求专业入手，打造川东北职教联盟，为区域外部输送高品质劳动力资源。

强化阆苍南商会、区域展会等市场开拓平台。在促进阆苍南商会交流的基础上，进一步成立阆苍南驻成渝联合商会，通过联合推介、精准对接等形式，搭建政企交流平台，共享商会资源，借助成渝地区在新兴产业、金融、服务及平台优势，与阆苍南各项产业相结合，进一步推动区域经济交流融合，协同发展。以构建市场化的民间商合发展平台为目标，充分发挥商会的资源整合功能、区域间的中介调解功能和"以商招商"的经济合作功能，通过商会的组织网络与力量，推动民营经济板块广泛合作、互补互动。

3. 阆苍南共链产业的对接

从农产品加工入手，探索全环节生产链合作。在充分挖掘三县（市）各具特色的优质农产品基础上，进一步发挥苍溪农产品加工优势，阆中农产品深加工、冷链物流及面向旅游的食品品牌优势，以及南部农产品电商营销的优势，构成上下游完整的产业链条，形成从农产品种养殖到深加工再到营销物流的全环节生产链。其中，苍溪凭借其高品质农产品优势，成为本区域最重要的农产品生产基地，以"大园区+小庭园"的发展模式，以打造全国最大的红心猕猴桃生产基地和中国西部重要的绿色食品基地为目标。阆中则发挥农产品深加工以及旅游食品的优势，广泛吸纳区域内高品质食材原料，依托张飞牛肉等重点食品加工企业，完善从养殖到深加工的产业链合作，并推动冷链物流等高附加值物流模式的发展。南部凭借其电子商务和物流方面的优势，积极构建电商、冷链物流等服务体系和现代营销体系，提升整体阆苍南区域农产品的商品率、知名度和市场占有率。

打破"碎片化"产业链承接模式，共建成渝配套产业集群。打破以往"碎片化"的转移方式，突出南向协同发展，主动对接成渝，实现产业转移集群发展。从关注总量、规模向更多关注结构、质量转变，以专业化园区为载体承接集群化产业转移。立足现有制造业基础，依托劳动力资源优势和要素成本优势，主动参与区域产业链、价值链协作分工，积极拓宽产业链，尽可能多地引进同类相关联企业。

4. 阆苍南软环境的共建

共同搭建产业创新要素共享平台。借力成渝区域级高端创新资源，打造川东北科技创新协同发展示范样板。围绕"构建川东北区域和成渝经济区北部创新高地"的目标，整合阆苍南三县（市）科技信息资源、成果资源、人才资源和联盟资源，推动三县（市）在科学仪器设备、科技成果、专家人才等各类创新资源的共享。引导成渝等地高校、科研院所到三县（市）进行科技成果转移转化，或者根据企业需求，对接高校、科研院所，有针对性地为企业设计和实施研发项目。此外，合力搭建返乡创业服务平台，积极搭建返乡创业政策平台和服务平台，优化提升返乡创业园区建设水平。实行导师结对帮扶制度，采取"专家讲堂""田间学校"等方式，加强创业培训，提升创业者的创业技能水平。

共同谋划"区域产业大脑"。谋划以产业地图为代表的"区域产业大脑"，摸清产业和资源家底，为政府间合作和投资提供宏观指南。借助区域级的第三方研究机构或智库，定期发布客观中立的阆苍南研究报告，特别要制作产业和创新资源标志图，深入研究各片区未来适合哪些产业，为产业投资指明方向。进而对市场容量进行准确分析和预测，评估区域内现有生产与供应能力，为企业和政府的投资决策提供参考，避免同类项目进行重复建设或盲目扩大生产规模，提高总体投资效益。推动阆苍南三县（市）因地制宜，形成品牌特色，打造产业地标。有效服务各类投资者，推动重大项目与产业地图精准匹配、快速落地，弥补产业和空间的信息不对称。

制定产业发展的共同规则。通过制定统一的底线和规则，防止某一方为提高自身利益而对区域发展总体利益造成损害，确保区域经济发展与人口、资源、环境相协调。一是要坚守绿色底线。共同遵守产业发展的生态规则，特别是共同维护流域生态条件。开展嘉陵江流域绿色产业发展共防共治的低碳试点，建立产业绿色发展的风险防控机制，实行区县、重点行业主要污染物排放总量与强度控制制度，禁止布局高耗水、高耗能及环境污染高风险项目。二是要坚守诚信底线。例如，共同形成信用监督体系，明确区域内企业发展和知识产权信息公开机制，探索建立跨地区协同监管、守信联合激励与失信联合惩戒、信用"红黑名单"共享互认机制，优化区域整体的营商环境。

2.1.5 结语

根据迈克尔·波特的竞争优势理论，通过科学制定并有力推动区域产业协作，可有效提升地区的综合竞争优势。不同于以往"以大带小"等梯度互补型产业协作模式，对于等级相同、体量相当的县级单元而言，它们之间的产业协作面临较大的难度，需开辟独特的协作路径。除协作模式上的创新，县级单元的产业协作还应把握两点特有的原则：一是县级产业协作应在大区域框架下谋划协作。协作方向的选择需以服务于区域的生产、生态和生活为目标，特别是重点考虑为区域中心城市输出劳动力等生产性资源以及高品质生活服务和产品。协作模式的选择应充分考虑如何借力区域优质资源和市场渠道，为县级产业协作注入动力。二是县级产业协作应专注特色领域和细分环节，聚焦协作的范围，而不是铺开求全。由于县级单元的产业规模普遍较小、能级偏低，综合调度资源的能力有限，应从当地实际的产业链具体环节入手，从产业细分领域找准特色切入点，做到有的放矢，寻找更务实的协作路径。

2.2 毗邻县（市）国土空间协同治理的战略性思考

阆苍南是三个体量相似的毗邻县级行政单元，具有较强的代表性。推进阆苍南国土空间协同治理，体现战略引领、空间统筹、因地制宜等特点，最大限度地实现规划、建设、治理一体化，具有较高的理论探索与实践应用探索价值。

2.2.1 战略性思考的基础

党中央、国务院高度重视县级城市的作用，习近平总书记曾指出，"眼睛不要只盯在大城市，中国更宜多发展中小城市及城镇"。2020年底，我国共有县和县级市1869个。县级单元之间协调发展是国家实施区域协调发展战略的重要组成部分。

国土空间是生产生活的场所、环境，也是一切经济发展、社会民生活动的载体。推进区域协调发展是优化国土空间布局的重要内容。国家"十四五"规划明确提出，要优化国土空间布局，立足资源环境承载能力，发挥各地区比较优势，促进各类要素合理流动和高效集聚，推动形成主体优势互补、功能明确、高质量发展的国土空间开发保护新格局。探索毗邻县（市）国土空间协同治理，是落实国家区域协调发展战略、促进县域经济高质量发展、推动区域城乡一体化融合、引领现代化经济体系建设的应有之义。

2.2.2 推进毗邻县（市）国土空间协同治理的必要性

1. 毗邻县（市）抱团发展是大势所趋

县级城市的体量相对较小，单打独斗、各自为政的发展模式难以形成规模集聚效应，需要通过抱团取暖的方式提升区域竞争力。在都市圈和城市群的等级体系中，单个县级城市很难与区域中心城市形成相对平等的对话关系，只有当多个县级城市联合在一起时，才能更好地对接中心城市，为区域协调发展提供相应的有力支撑。加快推进毗邻县（市）经济一体化发展，是深化区域协调发展战略的重要内容。在补齐县级行政单元发展"短板"的同时，促进资金、项目、技术、信息、人才等跨县（市）流动和整合，能够极大程度地激活县域经济内生发展动力，探索一条县级行政单元转型发展、创新发展、跨越发展的新路子。

2. 突出发展规划的统领作用和国土空间规划的基础作用

2018年12月，中共中央国务院发布《关于统一规划体系更好发挥国家发展规划战略导向作用的意见》，其中明确提出"强化国家发展规划的统领作用，提高国家发展规划的战略性、宏观性、政策性""强化国家级空间规划在空间开发保护方面的基础和平台功能"。

目前，很多毗邻县（市）已陆续出台一体化发展的战略规划，或者签订了一系列合作协议，对区域协调发展有了宏观指引。但是，国土空间协同治理依然是区域协调发展的短板。跨行政区国土空间协同规划应当作为国土空间规划体系"五级三类"中特定区域的专项规划，针对基础设施、城镇建设、资源能源、生态环保等开发保护活动，提出具有落地性的规划策略和发展指引。

3. 国土空间规划的纵向实施效率有待提升

新一轮国务院机构改革落地后，自然资源行政管理部门对空间规划职能进行了整合。这样减少了横向部门间在空间规划管理权限上的争夺和博弈，但纵向上仍存在中央—地方、市—县等行政单元之间的问题。以阆苍南为例，苍溪县隶属于广元市，南部县隶属于南充市，阆中市为省直辖县级市，由南充市代管。三者由于行政管理体制不同，在落实省市层面的空间规划方案时，难免会遇到矛盾和冲突，造成国土空间规划实施效率低下。因此，开展毗邻县（市）的国土空间协同规划，一方面能够有效整合、衔接上位规划意见，另一方面也能为下级专项规划提供有针对性的指导，强化约束和管控效力。

4. 国土空间规划的横向矛盾问题亟待解决

毗邻县（市）的产业发展、基础设施建设、环境保护等问题变得越来越外部化和无界化。但地方政府为了保护自身辖区范围内的经济社会发展，在市场准入、跨区域经济主体待遇等方面必然会采取地方保护主义策略。在空间资源唯一性条件下，为了避免规划冲突造成空间资源浪费、审批效率低下、生态环境保护统筹难、建设项目落地难等问题，就必须要加强国土空间规划对接协调。

2.2.3 阆苍南国土空间协同治理的难点问题

1. 阆苍南亟待提升区域话语权

阆苍南位于四川的川东北经济区，偏离区域发展的主轴和中心。2020年，川东北经济区常住人口为1926.6万人，占全省的23.0%，地区生产总值达7595.5亿元，约占全省的15.6%。整体来看，川东北地区发展相对滞后，经济增速、人均GDP、城镇化率均低于全省平均水平。区域内仅南充、达州的城市体量具有一定规模，其余城市均呈现小而零散的分布形态。根据关于城市辐射带动作用的相关研究，类似北京、上海这样的特大城市，其能产生有效辐射带动作用的范围为30~50千米半径距离（顾朝林，2015），而如南充、达州这样的区域次中心城市仅能带动近郊几千米范围的区域。对于地处南充、广元两市之间，距离两市中心城区上百千米的阆苍南来说，很难接受到区域中心城市的辐射带动，三县（市）各自为政的发展模式也难以形成集聚效应。因此，阆苍南需要通过"抱团取暖"的方式提升区域竞争力，在南充、广元、达州之间，形成一个足以辐射过渡地带的区域极核，推动川东北经济区协同发展。通过编制国土空间协同规划，明确三县（市）职能分工，谋划区域空间布局，对于引导三县（市）一体化发展具有重要意义。

2. 毗邻区域的发展矛盾较突出

阆苍南毗邻地区的空间开发矛盾尤为突出。以升钟湖为例，该景区位于阆中、南部交界地区，是国家AAAA级景区。阆中与南部目前对于升钟湖的开发和管理一直没有实现全方位的合作，为了盲目追求经济效益的最大化，都独立开发各自政区内的资源，从而出现资金浪费、基础设施重复建设等问题。同时两地旅游的主题风格、旅游功能不协调，影响了升钟湖景区的整体环境。下一步，通过积极创建升钟湖国家级旅游度假区，全力提升"中国升钟湖、世界钓鱼城"的旅游品质与旅游配套服务设施，建设以山水运动、森林康养为主题的国际旅游目的地，应当是阆苍南一体化发展的重要抓手。

3. 重复建设造成资源极大浪费

阆苍南的城市基础设施建设各自为政，重复建设、多头建设较多，尤其是各类产业园区开发建设，存在竞争大于合作的情况，造成人力、物力、财力和社会总资源的极大浪费，区域之间资源共享困难。这种低水平的重复建设，导致三县（市）都形成不了规模，难以产生集聚效应，阻碍了人口和资源的进一步集聚。

2.2.4 优化阆苍南国土空间协同治理的建议

1. 建立健全发展规划与国土空间规划衔接机制

尽快编制《阆苍南国土空间协同规划》，分别从内容、程序两个方面，建立一个"全过程、全环节"的发展规划与国土空间规划衔接机制。

目标和战略是发展规划中的核心内容，是在未来一定时期内阆苍南发展的整体愿景。国土空间规划提出的空间战略格局，应按照发展规划明确的目标战略和重大任务在国土空间上进行安排，并统筹考虑城镇化发展、农业生产和生态保护等空间发展分区及核心空间要素的分布关系。重点在产业发展、生态环境保护、交通基础设施一体化建设等领域制定具体的规划举措，科学指导阆苍南一体化进程。加强工作任务、重要指标的衔接，确保总体要求上指向一致、空间配置上相互协调、时序安排上科学有序。

2. 强化重点合作区域的空间发展指引

阆苍南紧邻嘉陵江，具有一衣带水的地缘关系，三县（市）的县城都是依江而兴。因此，协调嘉陵江沿线空间利用是三县（市）国土空间协同规划的重点内容。应对嘉陵江沿线空间协调利用提出具体的空间指引，划定沿江生态岸线、城镇岸线和游憩岸线三大岸线功能区，分类提出岸线开发与保护的控制要求。在具体开发保护过程中，要加强建设形式、具体线位、周边服务配套设施、建设时序等的统筹协调。

旅游协同是阆苍南一体化发展的重要抓手。因此，要加强毗邻重点旅游景区联合打造。对阆中和南部毗邻地区的升钟湖旅游资源进行优化配置，打破行政界线的约束，以精品线路为纽带，由点到线、由线到面，争取在区域内形成几个知名的旅游产品，突出其多样性、灵活性和特色化，满足不同兴趣爱好旅游者的需求，延长旅游时间周期，从而有效地避免旅游资源的重复开发、低质量开发，打造跨区域无障碍旅游合作示范区。

统筹毗邻城镇资源要素配置。阆中的洪山镇与朱镇乡距离南部满福坝片区仅4千米，距离阆中中心城区约12千米。洪山镇、朱镇乡与满福坝片区作为阆中与南部的毗邻区域，在一体化背景下需要加强资源要素统筹配置，避免出现重复建设、无序开发与低水平生态保护等问题。

3. 统筹协调区域内各类空间开发保护

强化生态环境空间管控，严守生态保护红线，以生态空间底线约束为前提，划定三类生态空间进行差异化管控。系统推进山水林田湖草生态保护与修复，以江为脉，以河串联，加强三县（市）之间的生态保护联动，打造高能级生态"廊道""绿心"，共同构筑一体化发展的生态保护屏障和生态安全格局。对阆苍南区域内水土流失和治理情况进行摸底评估，同步开展市级水土流失重点预防区和重点治理区域划分工作。联合三县（市）发改委、财政、自然资源规划、生态环境等多部门，共同起草制定全市水土保持规划，争取将水土流失严重区域纳入国家重点预防区和治理区。

充分发挥旅游资源优势，全力打造嘉陵江国家级旅游休闲区，建设世界级文化旅游目的地。全力布局一批具有标志性、枢纽性的文旅重大项目。打造水路和陆路交织的复合型流域旅游开发。以国道、省道及沿江水道串联各个独立旅游景点，聚集运动休闲、养生度假、文化体验、生态观光等多功能项目为一体，形成独具特色的"山水相依、水天一色"的山水风光。

强化基础设施支撑体系，打造阆苍南内部半小时交通圈。推动以国省道为主的干线公路升级改造，对三县（市）边界公路进行衔接优化，通过打通断头路促进交界地带融合发展。打造示范性阆苍南区域快速路，形成阆苍南主要组团半小时交通圈的重要通道，支撑阆苍南空间拓展和全域发展，推动形成完善的一体化快速交通网络，提升区域内部关联度和整体竞争力。

4. 创新体制机制保障空间规划可落地

健全一体化的规划建设管理机制，在编制《阆苍南国土空间协同规划》的基础上，明确三县（市）一体化发展的国土空间开发与保护方案，重点在产业发展、生态环境保护、交通基础设施一体化建设等领域制定具体的规划举措，科学指导阆苍南一体化进程。加强工作目标、任务、指标的衔接，确保时序安排上科学有序、空间配置上相互协调。基于城市信息模型，加快构建三县（市）共建共享、信息互通的规划管理信息平台，通过规划一张图，统筹空间开发与保护，推动资源整合，形成主体功能约束有效、国土开发有序的发展格局。基于建筑信息模型建立重大项目监管系统和建设工程数字化综合监管系统，统一规划数据和后续管理需求，探索一体化的智慧监管新模式。

制定合理的土地供需计划，坚持耕地保护和资源节约基本国策，落实供给侧结构性改革的要求，在三县（市）层面统筹城乡建设用地增减挂钩计划、新增建设用地计划、盘活存量建设用地计划，实行建设用地总量和强度双控，通过精准预算、有保有压、优增盘存等方式，为阆苍南一体化的经济社会发展提供强有力的国土资源保障和支撑。阆苍南地处川中丘陵区向川北低山区过渡地带，低山、高丘、中丘占比最高，存在"山多地少"的问题。可以借鉴浙江省推进"坡地村镇"的做法，实行点状布局、垂直开发，建立低丘缓坡开发建设项目准入机制和奖励机制。这类土地政策创新改革需要在省市甚至国家层面予以支持。

创新三县（市）招商引资和利益分享机制，采取联合共建、委托管理等形式整合优化工业集中区。鼓励各园区在招商引资过程中，将与本园区主导产业不符的项目推荐至主导产业相符的园区，可按比例统计工业增加值、固定资产投资、招商引资等经济指标，分成相应财税。

建议省市、国家相关部门将阆苍南设为区域一体化先行示范区，全面实施财政资金、建设资金、用地指标与一体化工作相挂钩政策。按照"谋划一批、启动一批、建设一批、储备一批"的思路，建立阆苍南协调发展项目储备库，实施项目动态管理。要建立分级项目储备库体系。各镇（街）政府设二级项目储备库，三县（市）设立一级项目储备库。项目储备库存按照自下而上的原则，在二级项目储备库中选择一体化相关的重大项目生成一级项目储备库存。每级项目储备库存均由基础设施建设项目、社会事业项目、生态环保基础设施项目、产业发展项目和其他综合项目组成。各级项目储备库采取自主把关、统筹协调、动态更新的管理方式。

2.2.5 结语

国土空间规划作为策应和推进我国空间治理体系改革的重要手段，目前对跨区域的协同规划探讨较少，关注不足。阆苍南在推进一体化发展时，基于对国土空间规划战略性和可实施性的考量，应当从定位、产业、创新、公共服务、基础设施、生态环境、体制机制等各个方面"谋篇布局"，与战术性的"落棋子"结合起来，探索一种行动计划与战略愿景相结合的跨区域国土空间规划方法，为全国其他类似毗邻县（市）国土空间协同规划提供经验借鉴。

2.3 比较视角下的县级单元生态一体化保护策略研究

党的十八大以来，以习近平同志为核心的党中央将生态文明建设作为统筹推进"五位一体"总体布局和协调推进"四个全面"战略布局的重要内容。生态文明建设从认识到实践发生了历史性、转折性和全局性的变化，"美丽中国"建设迈出重要步伐，且取得显著成效。当前，生态文明已经成为我国提升区域治理水平的核心思路。研究县级单元的生态一体化保护，需结合不同尺度的生态保护思路以及国内县级单元一体化保护的实践，提出既符合县级单元特点又妥善解决本地问题的策略。

2.3.1 纵向视角下剖析县级单元生态一体化保护的特点

区域协调发展中生态协同保护往往是以流域为单元，如长江、黄河、新安江、东江等。不同层级的生态协同保护方法有所不同，针对县级单元一体化发展过程中的流域生态保护治理，需要根据自身的特征与基础找到可操作、更有效的治理方式（表2-1）。

表 2-1 不同层级生态一体化保护治理手段

层级	案例	牵头部门	规则制定	主要特征
国家级	长江大保护	生态环境部、相关部委和省政府	《中华人民共和国长江保护法》	国家大江大河，涉及多个省份，是综合性、系统性工程，以立法的形式推进工作
	黄河流域生态保护和高质量发展		《黄河保护立法草案（征求意见稿）》	
省级	新安江—千岛湖水资源保护	安徽省和浙江省	《新安江—千岛湖生态保护补偿试验区建设方案（送审稿）》	围绕某省重要的饮用水源开展的区域性生态保护工程，以流域环境治理和上下游利益补偿为主，通过省级政府签订协议推进
	东江流域生态补偿	江西省和广东省	《东江流域上下游横向生态补偿协议》	
市县级	长三角生态绿色一体化示范区（嘉青吴）	江苏、浙江和上海两省一市	《长三角生态绿色一体化发展示范区总体方案》	涉及具体市县，根据各地面临不同问题采取不同策略，由较多微观层面的工程、策略构成，规则制定不多
	通州与北三县	北京市与河北省	《北京市通州区与河北省三河、大厂、香河三县市协同发展规划》	

1. 县级单元生态一体化保护的治理尺度较为微观

生态保护引领的区域协调发展体现在三个层面：一是国家层面，涉及多个省的战略，如"黄河流域生态保护和高质量发展"与"长江大保护"等。二是区域层面，涉及流域上下游省级政府之间的协调，如浙江省与安徽省之间关于新安江流域、江西省与广东省之间关于东江流域的生态协同保护与利益补偿机制；或是城市群中省级政府之间的协调，如京津冀地区内北京、天津、河北关于空气质量等方面的协同治理等。三是微观层面，如市、县、区单元之间、市县内部城乡生态环境协同治理等。

相比而言，县级单元是我国最基层的治理单元，是规划建设和治理领域的热点、难点问题集中体现地。它们普遍涉及空间范围较小，有利于探索更为精细化的区域生态保护治理模式。

2. 县级单元生态一体化保护的规则制定权限不足

一体化的本质在于协同治理，治理最有效的方式是制度，最有效的制度是法律法规。国家层面的流域保护，普遍通过立法的形式来保障，如2021年3月1日开始施行的《中华人民共和国长江保护法》，为加强长江流域生态环境保护和修复，促进资源合理高效利用，保障生态安全提供了有力的法律依据；2020年11月国家层面推动黄河立法工作，并于2021年4月公布《黄河保护立法草案（征求意见稿）》，为黄河流域生态保护和高质量发展做出系统性、整体性制度安排，依法解决黄河面临的突出问题。省级层面来看，财政部和生态环境部牵头开展浙皖两省新安江流域生态补偿机制试点工作。2021年5月，云贵川三省为了有效推进协同保护赤水河流域工作，由三省人大常委会分别审议通过了《关于加强赤水河流域共同保护的决定》，在我国首次实现地方流域共同立法。而对于县级单元来说，制定规则的权限是严重不足的，依靠自身而不"向上"争取，难以在区域生态治理中获得话语权。

3. 县级单元生态一体化保护亟须重视乡村环境

县级单元中，县级市、市辖区的城镇化水平较高，而县的城镇化水平相对较低，普遍包括大量的乡村区域。在县级单元一体化的生态保护工作中，需特别重视乡村的环境综合整治，尤其是农业面源污染问题。另外，乡村地区应作为反映生态文明思路中"乡愁"的重点区域，对富有地域文化内涵的山水形态应予以保留、保护。县级单元一体化地区的城镇化区域普遍未完全连绵成片，尤其是毗邻交界地区，穿插着各类生态农业空间，在联合治理时应充分保留并引导这种组团式的肌理，避免过度城镇化。

2.3.2　横向视角下国内县级单元生态一体化保护案例比较

选取嘉（善）青（浦）吴（江）、通州与北三县（三河、大厂、香河）和阆（中）苍（溪）南（部）作为案例（表2-2）并对它们的特征进行总结比较。

表2-2　县级单元生态一体化保护案例

	行政区划	面积	流域	统筹层级
嘉青吴	直辖市市辖区、县级市、县	2300平方千米	太浦河（太湖流域、黄浦江上游）	跨省统筹，涉及两省一市
通州与北三县	直辖市市辖区、县级市、县	2164平方千米	潮白河（海河水系）	跨省统筹，涉及一市一省

续表

	行政区划	面积	流域	统筹层级
阆苍南	县级市、县	6441 平方千米	嘉陵江	跨地市统筹，涉及两个地级市

嘉青吴：以生态绿色发展为初心的一体化。2019 年 11 月国家发展和改革委员会正式对外发布《长三角生态绿色一体化发展示范区总体方案》。根据该方案，一体化示范区范围包括浙江省嘉兴市嘉善县、上海市青浦区、江苏省苏州市吴江区，面积约为 2300 平方千米（含水域面积约 350 平方千米）。作为国内第一个以生态绿色为出发点的县级单元一体化区域，示范区使命是围绕生态绿色实现"两个率先"，即率先探索将生态优势转化为经济社会发展优势，率先探索从项目协同走向区域一体化制度创新。

通州与北三县：共建首都东部生态安全格局。2020 年国家发展和改革委员会发布《北京市通州区与河北省三河、大厂、香河三县市协同发展规划》，提出深入推进北京市通州区与河北省三河、大厂、香河协同发展对于推进北京非首都功能疏解、优化首都发展格局、建设以首都为核心的世界级城市群、保障北京城市副中心高质量发展具有重大而深远的意义。规划范围包括北京市通州区和河北省廊坊市所辖三河市、大厂回族自治县、香河县行政辖区范围，总面积为 2164 平方千米。

阆苍南：以嘉陵江为脉的中观尺度流域治理。2019 年阆中、苍溪、南部开始启动一体化工作，截至 2021 年底，共组织召开了四次一体化协同发展联席会议，三县（市）携手打造跨县域一体化发展先行区的做法得到了四川省委省政府的高度重视。三县（市）总面积为 6441 平方千米，同为黄金水道嘉陵江的中游区域，是嘉陵江沿线难得的连续而又平坦的河谷地带。

1. 特征之一：围绕生态组织空间格局

构建组团式的空间格局。嘉青吴地区统筹生态、生产、生活三大空间，把生态保护放在优先位置，不搞集中连片式开发，打造"多中心、组团式、网络化、集约型"的空间格局，形成"两核、两轴、三组团"的功能布局。通州与北三县要求打造生态化、组团式、紧凑型的空间格局。按照城绿交融、主次分明、组团布局、纵深发展的布局思路，构建"一中心、一绿洲、四组团、四片区、多廊道、多节点"的空间结构。类似地，阆苍南以嘉陵江为核心生态轴带，串联三个中心城区，构建起组团式的空间格局。

在毗邻交界地区打造重要的生态空间。嘉青吴地区在毗邻交界地区打造"水乡客厅"，围绕生态打造公共空间和创新空间，作为一体化的先行区。水乡客厅集中展示湖荡水网风光，以湖荡圩田为底，展现湿地净化、水源涵养、循环农业、圩田再造等江南水乡生态新景观，致力于打造河、湖、田、镇、村和谐共生的聚落环境。在人居模式方面，探索产居、人文、生态协调共生的世界级水乡人居模式，以存量改造和新建相结合的方式，有机嵌入区域级、标志性的创新服务、会务会展、文化创意、科教体验等功能项目，呈现面向未来的生产生活场景，通州与北三县在毗邻交界地区打造北运河—潮白河中部地区的大尺度生态绿洲，是区域生态体系建设的主体。生态绿洲地区建设最大限度地服从于保护两河生态资源的原始性、自然性、完整性，构建由森林公园、郊野公园、湿地、水系构成的结构合理、生物多样性丰富的复合生态系统，大力推进森林生态，适度配套基础设施和公共服务设施，严格控制开发强度。阆苍南地区以嘉陵江为脉，串联东河、西河、构溪河、白溪濠河等支流，联动升钟湖、八尔湖、红岩子湖、构溪河等湿地公园，加强三县（市）之间的生态保护，打造高能级生态"廊道""绿心"，大力实施立体式、多层次、一段一景的水流域生态屏障建设，进一步提升青山绿水、湖光山色的自然风景品质。

2. 特征之二：环境协同治理机制是核心

嘉青吴地区重点建立生态环境标准、监测、执法"三统一"制度，明确示范区以"一套标准"规范生态环境管理、以"一张网"统一生态环境科学监测和评估、以"一把尺"实施生态环境有效监管的目标、任务和56项工作清单。2021年颁布了固定污染源废气现场监测、环境空气质量、挥发性有机物现场监测等首批生态环境统一标准，在示范区先行先试这3项环境空气检测领域标准。在标准编制过程中，试行两省一市统一立项、统一公开征求意见、统一专家技术审查，体现了两省一市各扬所长、通力合作的示范区工作特色。同时，两省一市环境部门也在研究生态环保强制性标准以及示范区环评制度改革集成等工作。

通州与北三县初步形成了围绕潮白河的涉及生态环境、水务等部门的联动机制，不仅共享了水质监测数据，统一执行北京市的水排放标准，统一了流域内的水排放标准，还通过联合共治、水量协调等方式，形成治水护水的合力，共同守护好一泓清水。2020年，四地通过共治，实行水量协调机制——此后潮白河4座闸实现联合调度，不论是水量、流速，还是起落闸时间，四地都要商量着办，确保向下游稳定补水的同时，潮白河的水质能够稳定达标。

阆苍南地区搭建了生态环保共商议事平台、数字环保平台，健全阆苍南生态环保生态补偿机制、跨界纠纷化解机制、水行政联合执法机制，实现了阆苍南污染联防联控、环境监测数据共享、行政执法效能提升。推进跨区域流域、小流域污染治理项目联合申报入库。

3. 特征之三：生态保护与修复是基础

嘉青吴地区开展淀山湖、元荡湖、太浦河沿线现状排查，重点推进淀山湖岸线贯通、元荡湖综合保护和蓝色珠链水生态修复，共同推进太浦河清水走廊和拦路港生态廊道建设，项目化推进一体化生态环境综合治理合作。上海青浦金泽与苏州吴江汾湖交界处，有着连接起元荡湖与太浦河的面积约 2.4 平方千米水域——雪落漾。作为沪苏界湖，雪落漾曾是"两不管"地带。养护标准不一、养护力量分散，60 多亩水面违法建筑、1200 多米围网，这汪碧水被"切割"成了片片池塘。2020 年，青浦、吴江合力把雪落漾湖面上的违法建筑、围网清理一空；2021 年 3 月，金泽、汾湖两地签署《雪落漾一体共治备忘录》，决定以雪落漾为试点，启动示范区内首个省际交界河湖一体共治项目，把雪落漾水域及岸线 8 米范围内作为整体标的，采用一体化养护标准、一体化招标模式，从根本上解决责任难厘清、河道养护标准不一等问题。

通州与北三县坚持"以水为脉、净水于野、利水循环"的原则，开展水生态系统修复与建设；以森林公园和郊野公园建设为抓手，推进生态绿洲地区和生态廊道的森林生态系统建设，开展大规模植树造林；提高农田的生态功能。依托北运河、潮白河两河良好的生态资源，以提高生物多样性为目标，以生态修复和生态示范为重点，在两河中部地区划定生态绿洲，协同建设潮白河国家森林公园，建设一批高水准、标志性的精品公园；结合生态廊道的保护、修复与建设，重点推进北运河、潮白河、长安街东延长线、鲍丘河、南部等 5 条区域绿道建设。

阆苍南着重对沿嘉陵江的生态湿地进行了联合治理，对嘉陵江沿线山体进行林相改造，新增林以阔叶落叶和常绿阔叶林为主，使嘉陵江两岸的山林具有季相变化的风景林，并针对禁止采砂区域进行生态恢复，打造多样的湿地植被景观，构建起一条多样化、以湿地景观为主的水生态长廊。

2.3.3 对深化县级单元生态一体化保护的建议

1. 进一步融入区域生态协同治理格局

找准自身在区域生态保护格局中的定位，融入所在流域或者城市群的生态保护格局，积极争取参与区域生态治理规则和生态保护规划的制定，争取在更大区域尺度得到更多的支持。跨省的县级单元需积极寻求省级政府的支持和授权，包括列入省级规划、立法支持等；跨地市的县级单元需要积极寻求所在地市的支持，由地级市政府和县级政府联合开展生态保护工作；流域上下游的县级单元需积极在流域生态保护规划、流域生态补偿机制里寻求支持和机遇；城市群内的县级单元需重视与中心城市之间、与网络化结构里其他城市之间的生态协同治理。

2. 进一步细化生态修复和环境治理工作

一是强化上下游联动、干支流统筹、左右岸合力的流域综合治理，从流域综合治理、系统治理、依法治理的角度，聚焦上下游、左右岸、干支流之间产业布局、发展需求、环境准入、污水排放标准、环境监管执法等不一致带来的难点焦点问题，着力于跨行政区域的协调配合、联防联控，以系统性思维和法治观念完善县级单元协同保护机制，形成上下游联动、干支流统筹、左右岸合力。二是探索建立统一的基础设施投资公司等平台，在共同投入、成本共担等方面深化研究。三是重视乡村地区环境综合整治，包括农业面源污染、农村厕所革命等。四是设施共享，如生活垃圾、固体废物、医废等垃圾处理、污水处理设施，但是需要注意服务半径、成本和收益的平衡。

3. 进一步着重探索生态价值实现机制

当前县级单元一体化对生态价值实现机制探索较少，可针对县级单元林地、草地等生态资源普遍较为丰富的特点，尝试以下路径：一是借鉴商业银行"分散投入、整合产出"的模式，探索"森林生态银行"作为自然资源管理、开发和运营的平台，对分散的森林资源进行集中收集、存储、整合和优化，将其转化为持续优质的"资产包"，引入社会资本和专业运营商进行具体管理。二是探索林地、草地的"地票"制度，建立市场化的退耕还林还草机制，减少低效建设占用，增加生态空间，实现城乡发展统筹，促进生态恢复，增加生态产品，促进价值实现等多重效益。

2.3.4 结语

生态一体化保护不仅仅是区域协调发展的"底线"，近年来更成为区域协调发展的主题与核心内容，是我国由高速发展转向高质量发展的重要内涵。通过纵向和横向视角比较研究县级单元的生态一体化保护，紧紧抓住"县级单元"和"生态保护"两大关键词。未来生态一体化保护应着重深化不同层次的系统性策略研究和相互衔接机制研究，特别是在一体化的规则制定、立法以及生态价值实现机制等方面；应致力于通过生态保护提升区域生态价值，实现生产、生活与生态的有机融合。

2.4 毗邻县（市）文化旅游公共服务一体化研究

文化旅游公共服务是文化旅游目的地建设的重要组成部分，阆苍南历史文化悠久，区域内遍布各类人文和自然生态的旅游资源。近年来，随着新型城镇化的快速推进，三县（市）文化旅游公共服务设施建设也在加速。文化馆、博物馆、图书馆、体育馆、电影院、游客咨询中心、旅游服务中心、乡镇综合文化站等公共服务设施基本建成，服务质量也迈上了新台阶，初步形成了布局合理、设施先进、功能完善的县（市）、乡镇、村（社区）三级文化旅游公共服务体系。三县（市）也积极探索以"文化馆+""博物馆+"等思维推动文化旅游事业创新发展，带动相关文化旅游产业集聚，以更好地满足游客以及当地居民对文化生活的新需求，对美好生活的新期待。跨行政区文化旅游公共服务体系建设是推动三县（市）文化旅游事业和产业发展的重要保障，也是推动区域公共服务一体化的重点和突破点，但目前三县（市）文化旅游公共服务体系还存在诸多不完善之处，如区域文化旅游公共服务设施不足、地区间分布不平衡、第三方参与度不足、旅游公共服务相关法律、标准和评估体系不完善等。

2.4.1 相关研究评述

各地构建文化旅游公共服务体系的方法和实施路径各有不同，但整体而言，国内外学者对于文化旅游公共服务发展的认知是呈现"螺旋式"递进的,尽管目前已经取得了一些理论成就,但是很多概念辨析、模式构建和实践探索仍然处于初期阶段(徐菊凤和潘悦然,2014),在理论研究和实践探索中仍然存在很多不足。尤其是对推进跨行政区文化旅游公共服务一体化发展的相关研究,多数是基于实证,从跨行政区文化旅游公共服务设施的实际运营情况、不同区域之间如何协作等角度,探讨文化旅游公共服务一体化的发展方式和供给机制,以解决不同地区之间文化旅游公共服务供给不平衡、资源浪费等现实问题。

总体而言,西方发达国家的"大众旅游时期"出现在公共服务发达的"福利经济阶段"(吴国清,2014),与文化旅游相关的公共服务设施的建设和发展在普适性的公共服务中已经得到了较好的实现,相对较为成熟。因此,西方学者对于文化旅游公共服务设施的理论探索并不多,也没有出现"文化公共服务设施""旅游公共服务设施"这些专有的概念和词汇。对于文化旅游公共服务的研究多基于博弈论、公共选择、公共治理等理论,探索供给机制的创新和合作框架的拓展,如如何进行内部供给、协调供给或者特许经营,以及从公共服务设施建设、交通安全、游客满意度等多种具体的角度研究文化旅游公共服务设施的差异化供给路径等。国外文献对跨行政区文化旅游公共服务设施的相关理论研究也较少,因此,国外与文化旅游相关的公共服务设施发展的现实经验,比其理论研究对阆苍南三县(市)的发展借鉴意义更大。

文化公共服务和旅游公共服务具有天然的耦合关系,特别是在文化旅游资源比较富集的地区,二者的充分融合既能发挥公共文化设施的旅游服务功能,也能发挥旅游公共服务设施的文化传播功能,使文化资源、旅游资源更好地被保护和开发(贺子轩和王庆生,2020)。国内对于文化公共服务、旅游公共服务的研究相对较多,也较为成熟,并且近年来对文化和旅游公共服务如何融合发展也有许多探讨。李国新和李阳(2019)提出,文化旅游公共服务融合发展的切入点主要是将公共文化服务设施嵌入旅游景区、线路、住地、交通服务区域等。

截至目前,国内对于跨行政区文化旅游公共服务如何一体化发展的研究较少。跨区域公共服务一体化的研究主要集中在基本公共服务相关的领域,如医疗、教育、就业等,并且以长三角、京津冀等较为成熟的成熟群的实践探索研究居多。根据相关文献以及对长三角等公共服务一体化发展较为成熟地区的发展经验和历程来看,国内跨行政区文化旅游公共服务发展大致经历了"碎片化""协同化""一体化"的演进历程（李国新和李阳，2019）。在过去条块分割、行政分割的区域治理过程中，文化旅游公共服务供给碎片化、差异化特征明显。随着改革开放的深入和区域一体化进程的加速，区域协同以经济协同为重点，公共服务进入"有限协同"阶段，文化和旅游公共服务发展也有了一定的常规性、功能性的制度保障。随着中国社会经济进入新的发展阶段，文化旅游公共服务的品质成为目的地竞争力和影响游客满意度的关键因素，区域文化旅游公共服务的供给更加强调其整体性，建立共建共享的文化公共服务和旅游公共服务一体化发展机制。

2.4.2 文化旅游公共服务一体化发展内涵

从本质上说，文化旅游公共服务仍是一种服务的供给，它能很好地补充在文化旅游活动进行中，市场无法充分提供的社会共同需求。整体而言，它具有以下几个特征：

一是需求的共通性。文化旅游公共服务不是针对某类人、特定的人或者少数团体，而是具有普适性的公共需求。文化旅游公共服务的供给应该以保证大多数人基本公共权益为目标，不断完善基层文化旅游公共服务网络，拓展公共文化空间。

二是作用的辅助性。文化旅游公共服务设施是为了解决市场所不能提供的或者无法充分提供的非限制性、非排他性的服务和产品，是市场经济的补充；但是文化旅游公共服务有时候需要一般公共服务的支撑，具有一定的局限性和不完全性（李爽等，2010）。

三是政府的主体责任地位。无论以什么样的模式供给，政府都是文化旅游公共服务的责任主体，但是也要防止政府公共服务职能的扩大化，市场仍然可以作为文化旅游公共服务的生产者和供应者。

四是明显的时代特征。文化旅游公共服务是文化旅游发展到一定阶段的衍生品，同样随着公共需求的变化而变化，不同社会发展阶段需要的文化旅游公共服务也是不同的，其发展模式也是不能一概而论的。随着后物质时代的到来，人们的核心需求也在悄然发生着变化，对文化旅游公共服务的服务内容、功能设置、体验感受、运营治理等都提出了更高的要求。

跨行政区文化旅游公共服务一体化是指两个及以上的行政区之间突破地域空间的限制以及某些权益制度的阻碍，对区域文化旅游公共服务体系进行系统整合、布局完善和优化提升,向游客及本地居民提供公益性、非排他性的服务和产品,来提高区域文化旅游公共服务的设施建设水平、公共服务水平、资源利用效率,同时吸引更多的游客前来。其核心强调"一体化",是一个打破行政壁垒多方不断博弈达到平衡的合作方式,也是更好发挥各自资源要素的比较优势,推动跨行政区文化旅游事业共同发展的动态所需,有利于成为区域一体化的突破口,推动跨行政地区通过加强合作与联合互助,推动文化旅游公共服务朝着更高质量、更可持续的方向发展。

文化旅游公共服务的内容主要包括文化旅游公共信息服务、文化旅游安全保障服务、文化旅游交通便捷服务、文化旅游行政管理服务以及文化旅游惠民便民服务等(吴国清,2014)。完善的文化旅游公共信息服务应该包括文化旅游目的地文化旅游基本信息、文化旅游相关政策信息、文化旅游产品信息以及文化旅游安全信息等,可以通过加快文化旅游公共信息网站、文化旅游咨询服务中心、文化旅游信息移动设备(宣传车、数字触摸屏、模块化可移动文创设施)等设施建设,给居民和游客提供更加全面的信息服务。文化旅游安全保障服务包括文化旅游安全管理、安全监控、应急救援服务等,也包括安全服务标准规范制定、文化旅游相关保险服务以及相关安全救援培训等。不同的行政区可以通过共同设立旅游安全管理机构、旅游救援机构,合理布局紧急救援电话设施、文化旅游区安全监控设备等措施,来完善与文化旅游相关的安全保障公共服务。同时,积极引进旅游保险机构和针对导游和相关行政人员的安全培训机构等,补充和完善安全保障服务体系。文化旅游交通便捷服务包括提供游客集散服务,完善交通服务设施和服务体系建设等,通过共建区域文化旅游游客集散中心、旅游大巴服务基地、自驾车服务基地,开设文化旅游专线、专列,完善旅游交通标识、文化特色标识等措施,建设便捷的文化旅游交通服务体系。文化旅游行政管理服务包括文化旅游相关政策与法规制定、文化旅游服务质量监管、文化旅游相关投诉受理和纠纷调解等。通过建设文化旅游政务服务中心、文化旅游服务质量监管平台等,加快完善文化旅游行政管理服务体系。其他文化旅游惠民便民服务则包括建设无障碍设施、旅游厕所、通信设施(公共无线网)等便民设施,提供区域一卡通、惠民年卡门票等惠民服务(图2-1)。

服务类别	主要内容	相关设施
文化旅游公共信息服务	提供文化旅游目的地文化旅游基本信息、文化旅游相关政策信息、文化旅游产品信息以及文化旅游安全信息等服务	文化旅游公共信息站、文化旅游咨询服务中心、文化旅游信息移动设备(宣传车、数字触摸屏、模块化可移动文创设施)等
文化旅游安全保障服务	提供文化旅游安全管理、安全监控、应急救援服务等；制定安全服务标准规范；提供文化旅游相关保险服务以及相关安全救援培训等服务	旅游安全管理机构、旅游救援机构、紧急救援电话设施、文化旅游区安全监控设备、旅游保险机构、安全培训机构(导游、相关行政人员等)
文化旅游交通便捷服务	提供游客集散服务；完善交通服务设施(旅游道路)和服务体系建设(停车服务、换乘指引)等	文化旅游游客集散中心、旅游大巴服务基地、自驾车服务基地，文化旅游专线、文化旅游专列；旅游交通标识、文化特色标识
文化旅游行政管理服务	制定文化旅游相关政策与法规；提供文化旅游服务质量监管、文化旅游相关投诉受理和纠纷调解等服务	文化旅游政务服务中心、文化旅游服务质量监管平台
文化旅游惠民便民服务	建设无障碍设施、旅游厕所、通信设施等便民设施；提供区域一卡通、惠民年卡门票等惠民服务	轮椅租借服务、残疾人专用卫生间、公共无线网、文化旅游一卡通、惠民文化旅游消费券、文化旅游年卡(年票)等

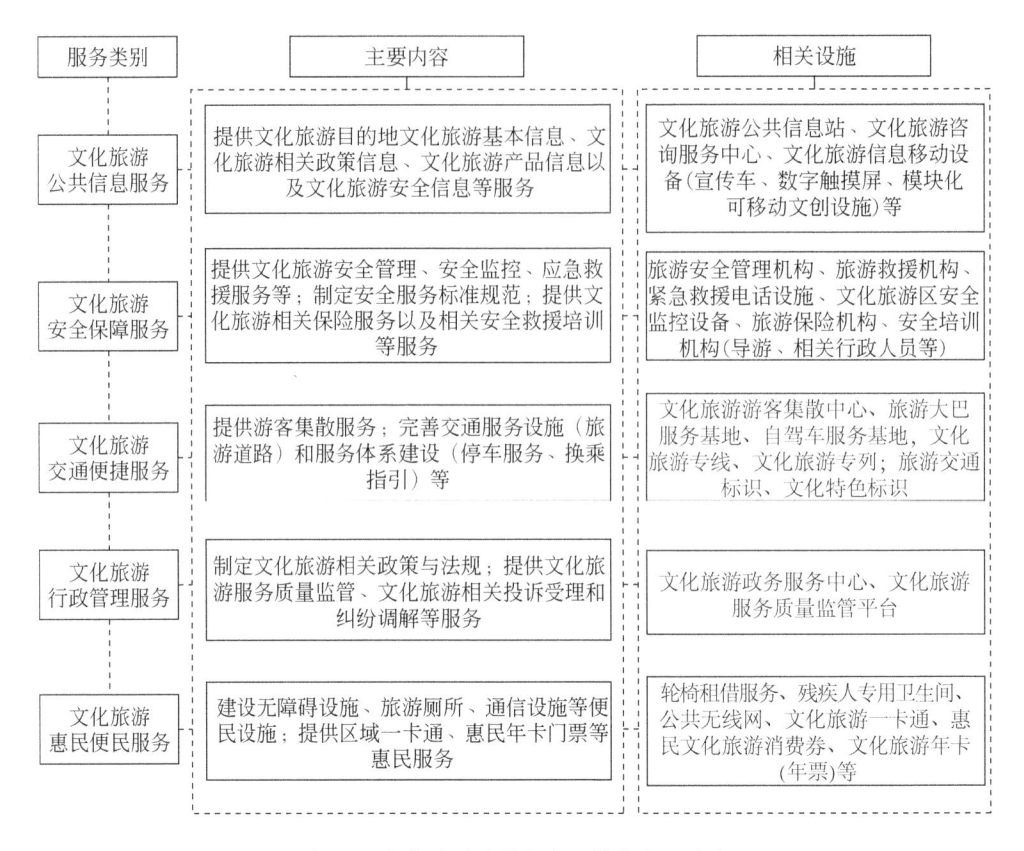

图 2-1　文化旅游公共服务一体化主要内容

2.4.3　文化旅游公共服务一体化模式探索

1. 功能转型：从独占到共享

独占型文化旅游公共服务设施在空间上一般是指局限在行政区划内，以服务行政区划内的游客和居民为服务重点的文化和旅游公共服务设施，如景区停车场、无障碍设施、旅游公共厕所、乡镇文化站等。共享型文化旅游公共服务设施是指能够为区域服务，带动区域文化旅游公共服务事业发展的设施，如与文化旅游相关的公共信息平台、教育培训中心、文化旅游专线等。目前阆中文化馆、博物馆、游客服务中心等文化旅游公共服务设施基本集聚在古城范围以内，但作为阆苍南的文化之核，其文化旅游公共服务设施对古城周边区域以及苍溪、南部等跨行政地区的带动作用都非常有限。苍溪、南部的文化站、旅游厕所、旅游公路、旅游交通导视系统在近年有明显提升，但其建设都集中在行政区范围内，尚未与区域形成线路串联、设施共享。随着交通条件的改善、文化旅游消费需求的增加以及"自驾游""散客化"的趋势变化，客观上要求跨行政区的文化旅游公共服务设施要尽可能实现从独占型向共享型转变。从空间维度看，文化旅游公共服务一体化要求突破行政区划，从核心圈层逐步拓展到外围圈层；从时间和功能维度看，近期阆苍南将逐步完善各自内部的文化旅游公共服务设施，而未来文化旅游公共服务设施建设要以共享型为重点，通过跨行政区文化旅游公共服务一体化发展实现资源的节约集约利用，推动公共利益最大化（图2-2）。

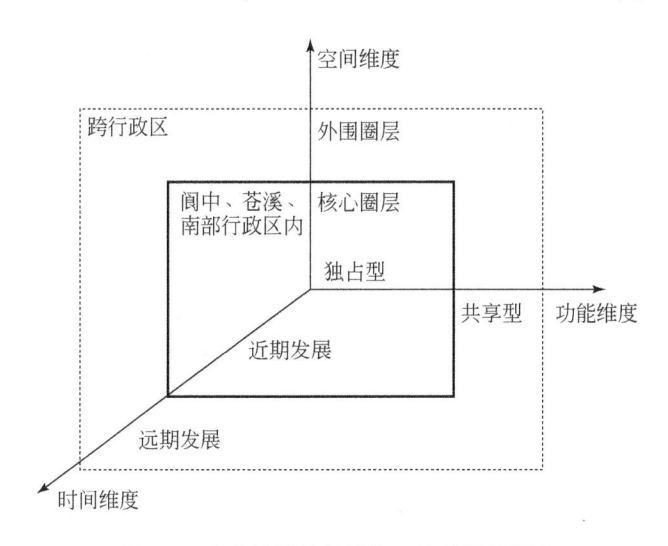

图2-2　文化旅游公共服务一体化供给模式

2. 供应多元：从服务到共赢

文化旅游公共服务的供给者包括市场、三地政府或者第三方组织，服务的受益者包括旅游者、旅游企业、地方政府和当地居民（图2-3）。以政府为供应主体的公共服务是公益性、不以营利为目的的，而以市场为供给主体的基本价值导向则是以获利和效率优先的社会组织，如行业协会、志愿者组织等作为第三方则是以自愿服务为主要动力，三者的出发点和供给模式存在一定的差异。目前阆苍南基本形成了以政府公共部门为主导、以公共财政为支撑、以满足公民基本文化需求为目的的文化旅游公共服务体系，属于"文化民生"。文化旅游公共服务的供给模式较为封闭、供给方式较为单一。随着文化旅游活动异地性、市场细分性、需求多样性等趋势出现，公共服务供给的事业型体制面对开放的市场开始弊病频显，供不应求、供不适求的情况时常发生。因此，面对量大面广的游客，打破政府公共服务的寡头供给，引进各具优势的市场主体或者社会第三方主体，提供分众化、个性化的服务产品，推动文化旅游公共服务动态化、多元化发展是三县（市）构建现代化公共文化服务体系的重点，三县（市）政府则可以通过组建文化旅游政务服务中心、区域文化旅游联盟等，推动相关法律和制度建设，加强行业监管和服务标准的制定。

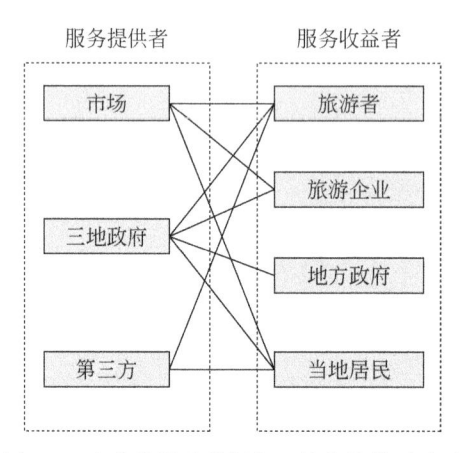

图 2-3　文化旅游公共服务一体化的供需关系

3. 服务拓展：从游客到居民

文化旅游目的地的文化旅游公共服务设施建设的目标往往是为了更好地吸引游客，打造文化旅游品牌形象，提高本地文化旅游的竞争力。在此目标下文化旅游公共服务产品的提供，更多考虑的是经济效益而非公共服务的公益性和普惠性，弱化了其社会价值、环境价值。随着世界进入大众旅游时代，文化旅游不仅是拉动地方消费的经济产业，也是满足居民文化旅游需求的民生事业。在考虑阆苍南文化旅游公共服务设施布局的时候，除了要基于游客的需求来考量，为游客提供更加满意的文化旅游环境和服务外，其受惠群体的范围和目标应该更加多元化，将服务游客和服务居民相结合，游客的文旅活动和居民的休闲生活相结合，使三县（市）居民也能享受到文化旅游发展带来的红利。由于三县（市）文化旅游有明显的淡旺季之分，淡季的时候可以尽可能发挥文化旅游公共服务设施对本地居民的服务功能，通过向公众免费开放等方式，或联合景区协同组织一些文化活动，引导这类设施向公益性倾斜。

4. 体制优化：从竞争到合作

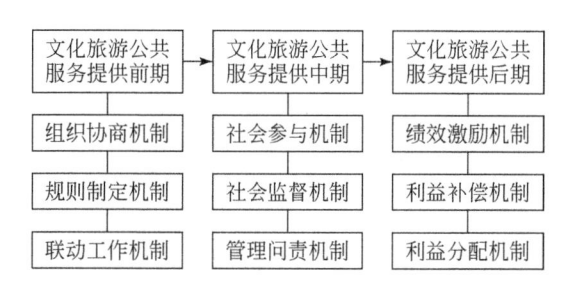

跨行政区文化旅游公共服务的供给机制包括前期的组织协商机制、规则制定机制、联动工作机制，中期的社会参与机制、社会监督机制、管理问责机制以及后期的绩效激励机制、利益补偿机制和利益分配机制等（图2-4）。推动跨行政区文化公共服务一体化发展，其本质目的是降低区域公共服务的供给成本，使文化旅游公共服务的供给从单纯的普惠投入型向经济效率型转变。三县（市）跨行政区文化旅游公共服务体系的完善应该充分考虑其全局性，将问题目标明确、量化，责任主体清晰。一方面，可以通过设置跨区域的行政管理机构，如阆苍南文化旅游公共服务一体化协调管理机构等，以平等伙伴关系共同运作关于文化旅游公共服务设施布局、建设、相关服务供应等日常工作，扬长避短、协同管理。另一方面，三方可以通过集体谈判，来制定具有长远性、经济性和约束力的协议来打破地方保护主义制度，共同探讨相关法律、标准和评估体系建设，推动三县（市）政府从竞争走向合作，并且明确打破协议规则的惩罚机制。其次，是加强与上级政府之间的互动合作，绩效的高低不能单纯以某地的经济指标来衡量，而是重点考虑区域的整体效益、文化旅游公共服务发展的可持续性等，采用标准考核、以奖代拨等方式建立绩效激励机制。此外，还可以积极引入社会监督力量，打破政府主导的单一模式的局限性，通过微博、微信公众号等多媒体，让专业化的行业协会、社会组织共同参与三县（市）文化旅游公共服务供给的监管过程。

图 2-4 跨行政区文化旅游公共服务的供给机制

5. 科技赋能：从传统到创新

加强科技赋能，探索公共文化旅游服务的新玩法。一是通过沉浸式视听体验、大数据、物联网、新媒体等互动体验技术手段，推动三县（市）文化旅游公共服务的软硬件升级。例如，将文化旅游公共服务设施供给与新型城市区空间建设相结合，在城市图书馆、文化中心、博物馆等场所布局一些含着科技、新媒体艺术、沉醉式体验的新型设施，打造"创新空间""互动体验""网络视听""智能服务"等多样服务空间，提升展示内容、功能体验、服务质量、运营管理水平。二是加强可移动文化旅游公共服务设施建设，关注日益增加的"数字原住民"群体需求，推动文化旅游公共服务设施数字化，提升设施的利用效率，活化文化旅游资源的展现方式。三是将三县（市）公共文化旅游采购服务的供给平台与国内外演艺资源交易平台、文创资源交易平台等后台打通，让更多不同的社会主体进入选择范围，实现资源共享，紧跟时代，提升服务供给的创新性。

2.4.4 结语

随着区域协同、抱团发展成为共识，阆苍南一体化建设进程不断加快，合作的范围和内容更加专业化、精细化，加快阆苍南文化旅游公共服务一体化发展是推动阆苍南一体化的重要支撑和突破点。通过从独占到共享的功能转型、从服务到共赢的供应多元、从游客到居民的服务拓展、从竞争到合作的体制优化、从传统到创新的科技赋能等发展路径，推动其体系全域化、动力市场化、方式平台化、效能智慧化。构建多层次、多主体的协同管理机制，加快三县（市）文化旅游公共服务设施一体化发展，提高区域公共文化旅游服务发展水平。

2.5 政府治理尺度重构视角下的区域一体化机制创新

党的十九届五中全会提出要坚持实施区域协调发展战略，健全区域协调发展体制机制。阆苍南通过自发"抱团"发展，构建区域协同治理体系，力图解决三县（市）区域格局边缘化、资源统筹不足、行政成本较高等问题，有效提升区域协同发展水平，推动区域走向共同富裕。

2.5.1 县域空间治理格局与尺度的变化

空间被赋予经济、社会、管理等多重要素作用的载体意义，这些要素反过来作用于空间并将其改造形成新的空间。随着后现代人文地理学"空间转向""空间观"等理论与观念转变，空间尺度的概念也被赋予了新的含义——包括空间、地方和环境的复杂混合体中的一个关系要素（Marston，2000）。"尺度"通常指"地理尺度"，是源于地理空间上的基于边界识别、包含功能组织和集体社会行为、具有嵌套层次结构的空间概念。在空间治理与规划的层面上，关注的不仅是由绝对地理尺度定义的嵌套系统，更应关注"尺度的关系"（博任纳，2020）。任何一个地理尺度的制度结构、功能、历史和机制都只能通过其向上、向下和其所嵌入的更为广泛的尺度顺序内其他地理尺度的横向联系进行相对地把握（Lefebvre，1991；Howitt，1998）。尺度重组逐渐强调经济、社会、文化、政治等要素重新建构的过程，空间治理尺度重组则是空间权力与权利结构框架下一系列要素及其关系在结构上予以重塑的过程。

伴随国家陆续出台有关政策文件和规划，推动城市群、都市圈等多种类型的一体化发展，推动了跨行政区空间尺度重组，形成了新的空间治理尺度。城市群作为国家推进新型城镇化的主要空间载体，近年来的快速发展使得一体化地区成为参与省区乃至全国、全球竞争与分工格局的全新地域单元，构成了要素流通与财富积累的新型尺度单元。

目前在县级单元之间有关空间治理尺度重组的研究不多，县级单元是支撑我国经济社会发展的重要载体，也是城镇格局中具有巨大基数、发挥关键作用的重要一环。尽管全球化趋势受到地方保护主义的负面冲击，但对外开放仍然是我国坚持双循环总体战略的重要方向之一。在参与经济全球化的过程中，县级单元在全球城市竞争中依然处于弱势地位。相比之下，最受资本青睐的地域组织形式，是由多个城镇组成、高度一体化的城市（殷洁等，2018）。特别是在市场规律和资本力量作用下，不少跨县级单元的区域已经出现一体化发展趋势，空间治理尺度的重构已在悄然进行。

而重塑空间治理格局的方式也在逐渐由直接的行政区划调整，逐渐转向柔性调整、政策干预、规划引导等调控方式转变。在已经出现一体化趋势而行政壁垒又亟待破解的地区，通过规划手段积极引导治理尺度重组与治理角色转变，能够有效推动一体化发展，为形成高质量发展新格局提供更加合理高效的制度支撑。

2.5.2 阆苍南一体化面临的主要体制障碍

现行的体制框架结构下,阆苍南之间的合作不仅受到县域行政管理边界限制,同样面临上位分属两个不同的地级市所带来的行政分割。民间的经济与社会来往、资本规律和市场力量自下而上的作用,在尚不完善的市场机制和治理环境下显得力不从心。

1. 要素流动受限,资源空间配置不优

长期以来,受行政区划分割影响,三县(市)交通设施连通以省际区域性大通道(兰渝通道的铁路、高速、国道)以及南充—广元方向过境通道为主,阆苍南之间交通联系不足。例如,G212线虽然是连通三县(市)的主要免费公路,但苍溪界至阆中滕王阁段为二级公路,其余路段均为一级公路,瓶颈路段成为三县(市)间实现快速高效联系的制约;S305线南部段已建成一级公路,但阆中思依至升钟段仍未贯通,仍为断头路。县城之间主要通过集聚在嘉陵江走廊的交通主动脉实现快速通达,但与主要乡镇、跨县乡镇之间的交通联系很弱,缺乏技术标准统一的快速通道。

2. 市场分割严重,产业发展缺乏衔接

当前,阆苍南处于工业化、城镇化中期,经济实力普遍偏弱。产业链集中在初级加工、一般制造业等传统产业,新兴产业培育不足,产业协作仍处于较低水平,缺乏发展的新动能。在三县(市)交界地区,有多处跨行政区的旅游资源不能得到有序开发。例如,云台山、处于苍溪和阆中的交界处,禹迹山景区、升钟湖处于阆中和南部的交界处,两边因为执行不同的规划或未能得到统一有序的指导,有效的开发建设一直未能发展起来;嘉陵江沿江旅游和水上旅游也因此未能建立统一的开发格局。

2.5.3 一体化机制演变梳理

地理尺度的界线是基于社会过程演变以及经济、政治等要素相互作用的处于变迁状态中的相对边界。将社会过程分化为确定的尺度等级,也是通过不断的日常实践、冲突和斗争而逐步实现的(Jonas,1994;Swyngedouw,1997)。只要任何社会、政治或经济过程在空间内部被划分为不同空间单元的垂直层次结构,就会出现尺度组织的问题（博任纳，2020）。阆苍南所在地区也在历史上经历了多次治理尺度变迁，才形成了今天的空间治理格局，并且在不断变迁的过程中继续走向更优的状态。

1. 自发协同重构治理空间

成立区域协同发展领导小组。2019年，阆苍南区域协同发展领导小组正式成立，负责统筹推进阆苍南区域协同发展相关事宜。该领导小组设组长2人，分别由广元市、南充市分管副市长担任；设副组长8人，分别由广元市、南充市发展改革委主任，阆中市、苍溪县、南部县党委和政府主要负责同志担任；设成员若干人，分别由市县相关部门主要负责同志担任。领导小组下设办公室负责领导小组日常工作，负责统筹抓好和协调推进领导小组议定事项贯彻落实。办公室分别设在阆中市、苍溪县、南部县发展和改革局，办公室主任由常务副县（市）长担任，办公室常务副主任由县（市）发展和改革局局长担任。办公室下设同城化规划组、基础设施组、旅游康养组、产业发展组、生态环保组、社会事业组、宣传报道组等七个重点任务专项工作组。

不断健全常态化合作机制。出台了《阆（中）苍（溪）南（部）区域协同发展联席会议制度》、《阆（中）苍（溪）南（部）区域协同发展领导小组工作规则》和《办公室规则》，并完成《关于推动"阆苍南"区域协同发展实施方案》，进一步明确三县（市）职责分工，厘清各自职责边界。

开展一系列协同发展专项规划编制研究。三县（市）联合编制了《阆苍南区域交通一体化发展规划》、《阆中—苍溪—南部区域一体化协同发展旅游专项规划》、《阆（中）苍（溪）南（部）农业一体化协同发展专项规划》、《阆（中）苍（溪）南（部）一体化工业协同发展规划》、《阆（中）苍（溪）南（部）生态环境保护专项规划》、《阆中市阆苍南一体化协同发展水利行业专项规划》、《"阆苍南"三县（市）人社事业协同发展方案》、《阆中市卫生健康局关于推进阆苍南医疗卫生领域一体化协同发展规划方案》和《阆中市住房和城乡建设局关于推进住房和城乡建设领域阆苍南一体化协同发展规划方案》等多个协同发展专项规划。

建立项目推进机制。联合制定了"阆苍南一体化协同发展2020年重点任务清单"，谋划了涵盖重大规划、基础设施、产业发展、生态环保等领域共20余个项目，总投资374.136亿元，其中2020年度投资约30亿元。

积极探索软性资源共建共享。社会事业方面，公共服务共享逐步推进。2020年初，启动实施阆苍南一体化协同发展教学研究联盟项目。从三县（市）各类别、学段和学科挑选1人（高级教师、一线教师或教研员），组成"阆苍南教师专家组"，共同负责具体谋划、协商联合教研活动主题、议程等；以各类别、学段、学科为单位，组建各地的学科专家组，三县（市）的专家组成员再构成"阆苍南学科名师工作坊"，共同引领三县（市）教师的专业成长。

2. 联合争取省级层面支持

阆苍南精准把握住省级层面的发展要求与改革方向，重点围绕区域协同、生态文明、脱贫攻坚、县域经济、新型城镇化等领域，突出强调"毗邻人口大县""嘉陵江生态保护"等重点关键词，很快进入省级决策视野。2018年底四川省委作出了阆中、南部、苍溪三地要努力打造为县域经济协同发展样板的重大部署。2021年，阆苍南一体化发展示范区作为推进毗邻地区合作平台建设和深化重点领域改革重点工作被纳入《川东北经济区"十四五"振兴发展规划》安排部署。战略尺度的升级赋予了这一协同示范地区更高的政治地位，未来省级层面在资金、政策、项目等方面给予一定支持的可能性更高。

2.5.4 体制机制创新的有关建议

1. 区域政府合作机制的建构思路

在新时代政府治理能力与治理体系现代化的新要求新趋势下，区域治理体系与城市治理能力也必须更加现代化。在一体化发展框架下，区域治理体系的重构需要建立更为完善的管理架构、更为健全和规范的结构化治理规则体系、更为开放的市场运作环境、更为高效的利益和成本共享共担机制，实现区域经济体系、社会体系、制度体系在重构调整中进一步优化，区域特色与长板优势进一步突出，地方发展的局限得到有效破除。

要实现县域层面跨行政区协同治理，推动权力调整和治理结构重塑，需要在现有以领导小组为核心的一体化体制架构下，进一步推动省区层面向下转移部分权力到区域和地方政府，从而使阆苍南作为新兴的创新发展空间和一体化空间嵌入省域发展战略版图，促成省级战略功能区和新经济区的兴起。在持续完善制度性的组织协调机构的同时，推动区域协调管理委员会、民间组织等多种利益主体以多样化形式参与其中，共同发挥推动一体化的积极作用。

2. 打通政策边界，推动试点政策协争共享

在不进行行政区划调整这一刚性调整举措的前提下，区域空间治理边界的调整需要打破的关键边界就是政策边界，即让原来在一定范围内享有的政策条件和基础优势得以扩大到更广泛的空间当中。受限于大量固有体制机制的存量政策管理边界，可以通过健全一体化体制架构逐步尝试突破；而增量政策条件可以通过对上位试点示范区等特殊政策的联合争取，以及打通部分存量政策的试行边界，获得全新的叠加于原有治理尺度之上的政策管理单元，实现较为快速的突破。

分类推进改革试点的政策互通与经验共享。应尽快总结形成制度成果、提炼成功经验，形成可复制、可推广的改革试点成果；通过高规格的经验交流会、参观互访活动等方式，提高试点影响力与知名度，进一步吸引要素集聚、凝聚发展共识。对三县（市）内相互关联度高、互为条件的改革试点，如全国休闲农业和乡村旅游示范县（阆中）、省级全域旅游示范区（阆中）、国家全域旅游示范区（广元）和国家农村产业融合发展示范园（苍溪），可探索统筹同步推进。对三县（市）内领域相近、功能互补的改革试点，可尝试适度捆绑结合，并积极申请有关综合配套试点，推动形成改革内容的系统集成。以城乡融合发展综合改革试验区、新型城镇化综合试点、国家生态示范区等各类国家级示范区、试验区为统揽，将部分省部级、市级相关综合及专项试点纳入国家级试点示范框架下集成开展。对三县（市）已结束、已成功验收的试点，加快推动经验互鉴共享。例如，阆中国家新型城镇化综合试点，在全方位完善农业转移人口市民化保障机制、探索建立具有阆中特色的新型城镇化标准化体系、建立多元可持续的投融资体制、以文化旅游驱动城镇化的特色发展之路等方面形成了一系列宝贵经验，可供南部、苍溪借鉴、实施和推广。

尝试将部分试点改革在三县（市）推广同步进行。南部是工业和信息化部长期定点帮扶县，伴随阆苍南一体化不断推进，阆中、苍溪可积极争取有关政策在本地落地，并与南部联合申请技改政策、专项资金、绿色通道。通过企业合作、兼并重组、设立分部等方式，让阆中、苍溪的工业企业也可以享受相应的优惠政策。同时，在三县（市）联合招商引资过程中进一步突出这一优势，提升区域招商吸引力，可率先在满福坝片区、江东片区、百利片区落地。

通力合作，争取更多试点示范政策。立足阆苍南发展特点与未来战略方向，三县（市）要从协同一体的角度出发，积极联合争取国家部委、四川省对阆苍南一体化的政策支持，争取更多的国家级试点示范政策，抢抓机遇。其中，重点争取区域协调、城乡融合、生态文明、乡村振兴等符合国家战略导向的试点示范，积极争取三县（市）较易做出亮点或率先探索出先进经验、对其他类似地区具有较高借鉴价值的试点示范，主动争取阆中、苍溪、南部自身发展迫切需要的其他试点示范。

3. 优化行政管理

要推动阆苍南一体化发展，打破行政边界藩篱、降低三县（市）行政协调合作成本是待解决的关键问题。实现阆中、苍溪、南部一体化发展的关键在于体制机制的突破和创新。只有真正降低协调交易成本、建立有效的利益共享机制，打破行政界限，深度抱团，才能实现三县（市）合作上实质性的突破。

以提升政府管理水平和效率、促进三县（市）合作为目标，降低政府行政与运营成本特别是人员成本和协调成本。可以从以下几个方面形成突破：一是率先探索推动阆中、苍溪、南部部分职能部门在协同发展合作示范区设立分支机构，实行合署办公，在不增加人员的基础上，推动原有机构精简、人员压缩，降低行政成本；二是结合协同发展合作示范区创建实行行政托管，在不增加人员编制的前提下成立管理委员会，成立地方平台公司或引入公司集团运营，推动经济区与行政区适度分离，构建以经济社会发展需求为导向的区域协调的机构管理机制；三是通过跨行政区管理机构结对、原有机构改制为事业单位、机构挂靠等方式，将部分职能较弱的机构压缩为办事处或仅对外保留牌子，进一步降低行政成本。

4. 完善区域合作规则

建立健全高效合理的区域合作机制与规则，从而赋予各地一体化发展的关键动力，需要创新利益分享和补偿机制，充分发挥区域合作政府组织、各类市场主体、各类社会团体、行业协会及行业联盟等组织的积极作用，综合运用行政和市场手段，推动区域真正实现一体化。

构建阆苍南发展利益共享与成本共担机制。积极探索"飞地经济"模式。可分头在三县（市）园区中彼此建立飞地，不再停留在单纯的利益分配机制层面,而是对飞地在发展目标、产业兼容、收益分割、风险与合作结构模式之间的相互关系进行整体性的制度安排(冯云廷,2013)。可采取三县(市)共同开发模式,例如,在百利片区,由三县(市)分别出资入股,共同参与建设,分配招商引资任务,共商经济效益增量利益分享比例。依托协同发展合作示范区,三县(市)合作共建区域股份合作制试验区,未来三县(市)利益分成以及经济、税收的绩效统计比例,可综合考虑当前存量经济税收、未来增量可供开发土地面积和前期建设投入构成等要素比例统筹分配。建设之初应保证合作区的利益返还比例保持在较高水平。

完善考核机制,构建风险共担机制。通过加强对一体化指标的考核与考核结果的运用,建立有效约束与激励机制。在合作示范区重点部门的有关人员考核体系中,对区域重大管理问题可以建立具有阆苍南特色的考核指标,形成"一体化建设"干部考核指标。具体指标可分为"一体化"直观性考核指标和分解性考核指标,直观性考核指标即直接衡量体现一体化程度的指标,如区域性道路连接度与货运量、阆苍南公交线路开通数量、联合招商成渝企业数等;分解性考核指标即在一体化过程中实行整体考核、分级分解到三县(市)的指标,如嘉陵江流域生态空间保有率、嘉陵江治污专项资金及财政拨款数等。

2.5.5 结语

阆苍南通过自发组建区域联盟,以更灵活的方式提高资源配置效率,通过协同发展完成战略尺度升级,能够实现区域地位大幅度提升。尽管当前阆苍南一体化的实施效果尚未显现,过程中也面临着一些待解决的问题,但与行政区划调整相比,阆苍南的做法更易操作且具有更广泛的借鉴价值,能够为我国位处欠发达地区的县级单元发展提供可供借鉴的协同发展经验。

第3章 阆苍南一体化发展的总体思路框架*

3.1 发展条件研判

3.1.1 山水同脉

从山脉来看，阆苍南同处四川盆地东北部秦巴山南麓，是秦巴生态功能区的重要组成部分，是大巴山脉、剑门山脉和嘉陵江交汇聚结而成的形胜之地。

从水系来看，阆苍南位于黄金水道嘉陵江的中上游区域，是嘉陵江沿线难得的连续而又平坦的河谷地带。在公路、铁路和航空盛行之前的内河航运时代，嘉陵江是三县（市）与中原地区沟通的重要航运通道。同时，嘉陵江也是阆苍南核心的绿色生态廊道，优美的沿江风光提升了城镇宜居宜游品质（图3-1～图3-3）。

3.1.2 文化同根

阆苍南拥有共同的历史和文化基因。阆中、苍溪、南部以汉族为主，散居有回族、土家族、藏族、彝族、壮族等，是巴人文化重要的发祥地之一。历史上，三县（市）之间的渊源很深厚，自战国以来到清末，三县（市）大部分时间内都同属于以阆中为中心的同一行政区内。

在长期的历史交融互动中，三县（市）形成了巴文化、民俗文化、红色文化、三国文化、春节文化等共同的文化基因。未来，在这些共有的特色文化资源基础上，三县（市）联手打造区域性文化旅游目的地将大有可为。

3.1.3 空间相近

阆苍南处在南充、广元两市的边缘地带，三县（市）在空间上相邻，阆中市区居中间位置，向北至苍溪县城、向南至南部县城均在30千米左右，联系便捷

---

* 本章作者：顾永涛、刘长辉、周君。

第3章　阆苍南一体化发展的总体思路框架

图 3-1　阆中市实景照片

图 3-2　苍溪县实景照片

图 3-3 南部县实景照片

度较高。从交通来看,兰渝铁路过境且在三县(市)都设有站点;阆中、苍溪、南部三县(市)之间有兰海高速、G212 线等干线公路连接;阆中机场建成后,可有效辐射苍溪、南部等毗邻县(市);千吨级船舶可从广元港出发经过苍溪、阆中、南部直达南充港,进而沿江而下至重庆驶入长江。阆苍南已基本形成了互联互通的交通圈,完全有条件构建一体化的生活圈和经济圈。

3.1.4 民间相通

阆苍南民间社会的互动始于亲情、乡情的血脉相连,已经编织与建立了千丝万缕的社会联系,这是推动三县(市)相向而行的民意基础与重要保障。当前,三县(市)合作已经进入快车道。自2018年11月21日在"四川省实施'一干多支'发展战略、推进川南川东北攀西经济区和川西北生态示范区协同发展工作会议"上签订《推动苍(溪)阆(中)南(部)协同发展合作协议》以来,阆苍南聚力推进川东北经济区高质量发展。截至2021年底,三县(市)已召开四次联席会议,并签订了《阆(中)苍(溪)南(部)区域协同发展合作框架协议》。未来,阆苍南互联互通将更为紧密,协同发展态势将越发显著。

3.2 现实问题思考

3.2.1 受行政分割制约较大

从国内其他地区一体化的成功案例来看,"以大带小"的模式通常较容易取得成效,但行政等级相同的县(市)推进一体化往往较为困难。阆苍南分别为南充、广元两个地级市所辖,三个县级单元的一体化较大程度依赖上级单元的统筹协调,程序烦琐,困难较多,阻碍较大。

实践证明,三个县级单元画地为牢、孤立发展存在诸多问题,突出体现在旅游发展、基础设施建设和体制机制等诸多方面。从旅游方面来看,毗邻区域的旅游资源不能得到有序开发。例如云台山处于苍溪和阆中的交界处,禹迹山景区、升钟湖处于阆中和南部的交界处,因为执行不同的规划而未能得到统一有序的指导,导致尚未形成统一的开发格局。从基础设施建设来看,三县(市)的道路设施、市政设施建设未能充分对接,且三县(市)交界处有较多的断头路,垃圾处理、饮用水源等方面也存在诸多待协调的问题。从体制机制来看,阆苍南缺乏共享合作机制,在具体合作项目的权责划分以及收益分成等问题上大多是"一事一议",没有固定的分配机制。同时,也缺乏相配套的信息交流机制、争端解决机制、绩效考核机制等,难以对区域一体化形成约束和支撑。

3.2.2 人口净流出态势明显

阆苍南都是人口大县,户籍总人口约为300万。2020年,阆中、苍溪、南部的常住人口分别为62.3万、51.3万、81.7万①，对比户籍人口，人口净流出总量约为100万。当前，阆苍南新兴产业培育不足，缺乏发展的新动能，难以提供足够的就业岗位。

三县（市）的城镇化水平较低。2020年，阆中、苍溪、南部的城镇化率分别为48.7%、32.9%和44.9%，远低于全国平均水平（63.9%）。大量农村剩余劳动力外出务工，劳务收入成为农民最主要的收入来源之一。阆中、苍溪、南部的常年外出务工人员分别为25万人、27万人、50万人。大量外出人口与家庭长期分离，导致空巢老人、留守儿童比例较高，并产生各类社会和治安问题。

3.2.3 体量相近、互补性不足

阆苍南皆处于工业化、城镇化中期，体量都比较小，自我发展能力还较弱。2020年，阆中、苍溪、南部地区GDP分别为265.4亿元、179.8亿元、420.2亿元，全年一般公共预算收入分别为14.1亿元、6.4亿元、11.8亿元②。三县（市）人均GDP较低，分别为42224元、34770元、50990元，均未达到四川省平均水平（58080元）。三县（市）的工业主要集中在初级加工、一般制造业等传统产业，并不具备明显的互补性，存在同质化竞争的问题。

3.3 当前机遇分析

3.3.1 推进新一轮西部大开发形成新格局

2020年5月，中共中央、国务院印发了《关于新时代推进西部大开发形成新格局的指导意见》。这份文件中有诸多关键表述，其中指出新一轮西部大开发是"统筹国内国际两个大局作出的重大决策部署"，要"东西双向开放协同并进"。新时期的西部大开发要做好大开发、大开放、大保护、大安全四件大事，形成发展新格局、新态势。

大开发即探索高质量发展的西部路径，加大我国经济社会发展的纵深空间，完善与拓展西部开发轴线，打造新的增长引擎，推动西部地区实现产业、制度与

---

① 数据源于阆中市、苍溪县、南部县第七次全国人口普查公报
② 数据源于2020年阆中市、苍溪县、南部县国民经济和社会发展统计公报

治理现代化，继续缩小与东部地区的发展差距。大开放即通过在西部地区构建联通"一带一路"沿线国家的战略大走廊，打造内陆开放高地，推动我国形成海陆并进、东西双向的多渠道多层次开放格局。大保护即加大美丽西部建设，保护好西部地区生态环境，为全球和全国提供具有生态价值的产品。大安全即通过形成西部开发新格局，为中国保障生态安全、经济安全、国境安全、民族共同体安全提供有力支撑。在此背景下，阆苍南有条件扩大对外开放，加快融入对内对外区域双循环格局。

3.3.2 成渝地区双城经济圈协同发展格局不断深化

2021年10月，中共中央、国务院印发《成渝地区双城经济圈建设规划纲要》，成渝地区发展驶入快车道，成渝两大核心城市的区域辐射能力不断增强。南充市被纳入成渝地区双城经济圈范围，将建设川东北区域中心城市。未来，川东北地区发展速度将明显加快，大中小城市和小城镇的协同水平将进一步提升，从独立发展走向更加紧密的联系，并推动公共资源向县城适当倾斜，县城在公共服务、市政公用设施和公共交通等方面的短板弱项将加快补齐。阆苍南通过一体化可以显著增强资源环境承载力和发展潜力，吸引产业项目落地，培育壮大特色优势产业。

3.3.3 四川革命老区走上振兴发展新路

为深入贯彻落实《国务院关于新时代支持革命老区振兴发展的意见》（国发〔2021〕3号），支持革命老区在新发展阶段实现振兴发展，四川省人民政府发布《关于新时代支持革命老区振兴发展的实施意见》（川府发〔2021〕17号），在资金、项目、产业、用地、人才五大方面，制定了相关支持政策。同时，该意见提出要在革命老区开展振兴发展试点示范，支持巴中、阆中等地在全省率先探索振兴发展新模式，打造一批革命老区振兴发展示范县。阆苍南同属革命老区，在国家、四川全力支持革命老区振兴发展的大背景下，必将获得更多的发展机遇。

3.3.4 "一干多支"战略强化了次区域合作

四川作为人口大省，地域面积广阔，各经济区特征差异明显。四川省委十一届三次全会提出实施"一干多支"发展战略，确定了绵阳、南充、宜宾、泸州、达州等7个区域中心城市，力争在3~5年内形成若干个省域经济副中心，从而改变四川长期以来"一城独大"的格局,这对落实国家区域发展战略、破解区域发展不平衡、优化区域资源要素配置、重塑区域经济版图、培育全省经济增长新引擎、加快建成经济强省皆具有重大意义。

当前,南充市正在积极争创全省经济副中心。这对川东北区域强化与成渝和川陕的合作具有重大推动作用,对阆苍南提升话语权,实现一体化发展具有良好促进作用。

3.3.5 全面推动县域经济发展

推动县域经济高质量发展是四川省推动"一干多支、五区协同""四向拓展、全域开放"战略部署的重要支撑,是促进城乡融合发展的关键举措,具有基础性、战略性、全局性作用。四川省委、省政府非常重视县域经济发展,为此专门出台了《关于推动县域经济高质量发展的指导意见》。该意见将县域经济划分为城市主城区、重点开发区县、农产品主产区县、重点生态功能区县等不同类型,因地制宜地精准施策。同时,开展县域经济发展考核,评选"四川省县域经济发展先进县",省级财政对获奖县(市)给予一次性财力奖励5000万元。并对获奖县在项目建设、土地指标、招商引资等方面予以激励,作为干部考核、评先评优、干部培训的重要参考。如何利用好省里的支持政策,把握县域经济发展方向,是阆苍南推动一体化需要重点考虑的问题。

3.4 发展思路建构

把握阆苍南的独特诉求和关键问题,瞄准总体战略定位,将阆苍南一体化的战略思路确立为"融入、聚合、降本、协争",以此统筹未来的协同发展。

3.4.1 融入:融入成渝,抱团借力

抢抓国家推动成渝地区双城经济圈建设、打造西部高质量发展重要增长极的重大战略契机,以"联通双城、全面融入、抱团聚力、服务成渝"为目标,做实做好阆苍南深度融入区域发展大文章。提升开放合作平台,推进阆苍南与香港、澳门深化合作,扩大开放市场,促进阆苍南旅游、产品、技术、标准、品牌链条式"走出去",发展更高层次开放型经济。

3.4.2 聚合：聚合嘉陵，激发动力

嘉陵江及与之平行的交通廊道既是联系阆苍南的实体纽带，扮演着资源和经济廊道的关键角色，也是阆苍南之间的文化和精神纽带，是提升三县（市）认同感和归属感的重要载体。应充分借助嘉陵江这一纽带，围绕存量领域，通过打通城际之间行政体制机制障碍，实现要素资源的深度对接；面向增量领域，通过整合三县（市）优势力量，共同谋划建设一批有前瞻性、带动性的大项目、大工程、大平台。存量增量双管齐下，以协同合作激发阆苍南优势资源和新的发展动力，提升阆苍南区域综合竞争力。

3.4.3 协争：协争权限，增权赋能

通过三县（市）共同向国家部委和省级部门争取试点和政策支持，提升区域话语权，着力解决单个城市短期内无法获得的政策、资金和项目支持。争取突破制约阆中、苍溪、南部发展的体制机制障碍，通过享有更高级别的发展权限、获取更多的政策支持，实现区域跨越发展。

3.4.4 降本：降本增效，优化配置

以解决区域协作成本过高的问题为出发点，本着促进信息、资本、土地、人才等生产要素自由合理流动的原则，推动产业协作，优化区域资源配置。积极落实重大区域公共问题一体化解决方案（包括公共交通一体化、基本公共服务一体化、区域一体化发展基金等），探索降低制度成本、行政成本等各类区域交易成本的有效方法，共建服务设施，节省支出成本。

结合阆苍南一体化的战略定位与总体思路，制定六大创新协同策略：

（1）空间组织的创新协同。充分发挥嘉陵江串联阆苍南的流域纽带作用，因地制宜谋划"点轴带动"的空间协同格局，重点规划建设阆中的江东片区、苍溪的百利片区、南部的满福坝片区，依托三个片区打造阆苍南协同发展合作示范区，并加强毗邻地区优化提升。

（2）产业发展的创新协同。关注优势整合型、产业链互补型、差异发力型三种主要的产业协作形式，整合资源，打响共同的区域品牌；各方出力，共建产业发展的公共平台；统一底线，坚守产业发展的共同规则。

（3）基础设施的创新协同。以补短板为底线任务，以融入成渝双城交通

"大动脉"为核心策略,以畅通跨区域资源的流动和集聚通道为关键目标,加快智慧新型基础设施建设,探索基础设施"建管养"一体化新模式。

(4) 生态治理的创新协同。打破行政管制界限,以流域和生态系统划定生态治理单元,划定三类生态空间,落实差异化管控,引入生态补偿、生态价值实现、生态共建共享等创新措施,构建生态环保的长效机制。

(5) 民生保障的创新协同。推动三县(市)多项民生福利共享,打造嘉陵江畔串珠状"小县优城",构建阆苍南民生"幸福圈",提升三县(市)民众对阆苍南区域的认同感、归属感和获得感。

(6) 体制机制的创新协同。以协作与共享为核心宗旨,设计一揽子机制协同创新方案,降低行政成本,协力争取更大的发展权限,推动政策资源的互通有无,探索土地、人才等资源要素的跨区域流动,健全成本共担与利益共享机制。通过体制机制的创新,导入新的发展动力,激活存量资源活力。

3.5 目标定位明确

在"融入、聚合、降本、协争"四大战略思路的基础上,明确阆苍南一体化发展的定位,提出的目标定位为:县级单元一体化发展创新示范区、成渝地区双城经济圈文旅融合先行区、川东北乡村振兴高质量发展引领区和嘉陵江流域国家生态文明样板区。

到 2025 年,在符合一体化发展目标,且现实急需、具备条件、取得共识的重点领域率先取得突破。到 2035 年,阆苍南一体化发展达到较高水平,在产业协作配套、公共服务共享、资源要素自由流动等方面取得显著成效,共建共享、改革创新、试点示范的目标全面实现,与区域中心城市建立紧密合作关系,整体达到全国领先水平,成为成渝地区双城经济圈具有影响力和带动力的强劲活跃增长极。

3.5.1 县级单元一体化发展创新示范区

大胆探索、先行先试,建立健全县级行政单元一体化发展的体制机制,重点聚焦空间规划布局、产业分工协作、综合交通体系建设、区域旅游联动发展、区域生态环境同治、市场开放共享等领域。强化嘉陵江经济带建设,广泛开展三县(市)毗邻地区的务实合作,打造跨县级单元一体化发展先行区。

3.5.2 成渝地区双城经济圈文旅融合先行区

围绕"巴山蜀水"人文旅游资源,打造旅游产业集群。紧抓成渝地区双城经济圈深化合作的历史机遇,积极开展对接合作,争取纳入巴蜀文化旅游走廊建设支持名录。三县(市)通过优势互补、互通有无,差异化打造文旅产品。利用落下闳春节文化博览会、升钟湖钓鱼文化旅游节等重要平台,合作共赢,携手同进,共促文化与旅游繁荣。

3.5.3 川东北乡村振兴高质量发展引领区

抢抓东西部协作机遇,加快补齐阆苍南乡村基础设施、公共服务、生态环境、产业发展、新村建设等短板,深化农业、文旅合作,进一步健全长效协作机制,切实提升三县(市)乡村振兴发展能力,巩固脱贫成果,树立脱贫攻坚与乡村振兴有效衔接的样板。

3.5.4 嘉陵江流域国家生态文明样板区

以嘉陵江流域治理和水生态修复为重要突破口,建设宜居宜业宜游、具有鲜明川东北地域特色、环境优美的公园城市。突显生态价值,建立绿色低碳的生产生活方式和城市建设运营模式,形成蓝、绿、城交融的区域生态大格局,促进生活空间宜居适度、生产空间集约高效、生态空间山清水秀。

第4章　构建阆苍南协同发展空间格局*

统筹考虑区域自然山水格局，重点规划建设三县（市）中心城区、发展新片区、重要节点乡镇与特色村庄，建立全域覆盖的国土空间管控分区，强化重点合作区域的空间划定与引导，塑造特色鲜明的城市魅力空间，实现空间组织的创新协同。

4.1　形成"一带、三核、多点、多廊"的总体布局

按照全域统筹、界限突破、资源整合、优势互补的一体化空间协同发展战略，提高空间利用效率，构建"一带、三核、多点、多廊"的总体空间结构（图4-1）。"一带"即嘉陵江开发与保护统筹示范带；"三核"指阆中、苍溪、南部三县（市）中心城区（包含江东、百利、满福坝片区）；"多点、多廊"指多节点、网络化、融合式镇村体系以及连接它们的交通廊道、景观廊道和生态廊道。

4.1.1　一带：嘉陵江开发与保护统筹示范带

充分利用兰海高速、兰渝铁路、G212、阆苍南快速通道等城际交通廊道优势，构建复合型交通走廊。南向串联南部县中心城区、满福坝片区，对接南充、重庆；北向串联苍溪中心城区、百利片区，对接广元市区，打造支撑川东北城镇协同发展的"脊梁"，形成区域联动和延伸发展的重要支撑空间。依托嘉陵江巨大的生态价值、水利价值、航运价值、景观价值和人文价值，以嘉陵江绿色生态建设和自然环境保护为核心，兼顾旅游开发、城镇建设，服务沿江社会经济发展，促进阆苍南生态环境、人居环境与社会环境全面协调发展。

4.1.2　三核：三县（市）中心城区（包含江东、百利、满福坝片区）

阆中、苍溪、南部三县（市）中心城区是未来承载主要城市功能的片区。

---

* 本章作者：刘长辉。

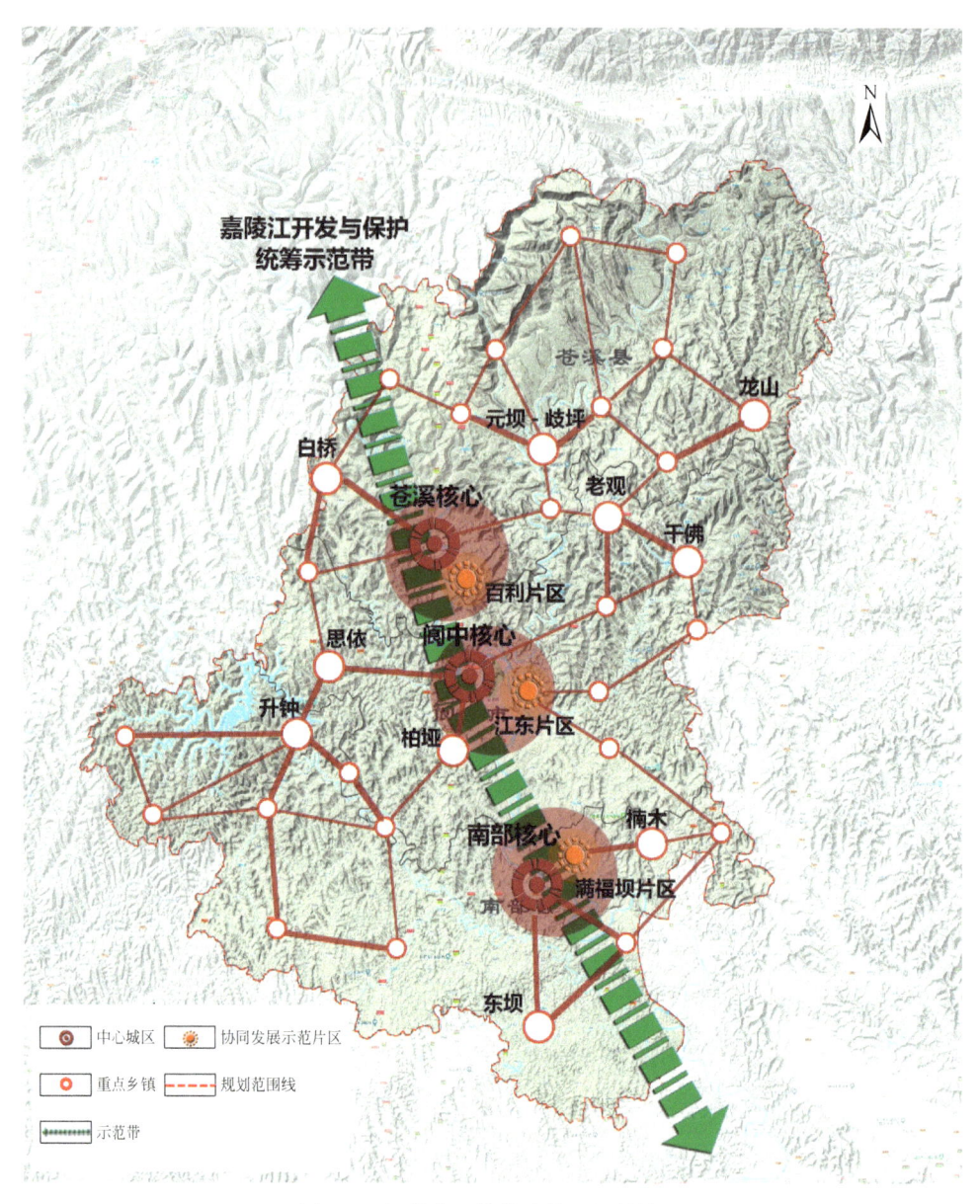

图4-1 阆苍南一体化总体空间结构图

城区规模控制在30~50平方千米,人口规模控制在30万~50万。提倡打造小规模、开放式的居住街区,促进人群交流与空间活力。优化土地利用结构,引导用地功能混合,全面提升土地利用效率,实现生产、生活和生态空间的协调可持续发展。塑造大众日常公共生活网络,建设高品质、多层级、覆盖广的开放空间体系和公共服务设施体系。产业园区强化工业用地的集聚，提升园区内工业用地的亩均效益，加强研发与制造、旅游与工业融合发展，推进企业不断转型升级，适度融入服务、居住等城市功能，促进产城融合。完善城区综合承载能力，培育文化休闲、生态旅游、体育健康等高附加值新兴业态，推动双循环消费格局形成。

阆中的江东片区位于阆中市区东南部，距离老城区约9千米，与七里片区隔江而望，规划面积为32平方千米。加快推动"水城"、"赛城"、阆中古城机场、南充文化旅游职业学院等重大项目建设，在江东片区再建设一个文旅核心，功能上弥补古城业态与空间的不足，引领阆中休闲健康度假、生态文化旅游纵深发展。充分发挥阆中机场、营仪阆高速公路等对外交通优势，以文化聚落、服务节点、蓝绿景观为总体意象，将江东片区打造成为阆苍南对外交流展示的客厅与窗口。

苍溪的百利片区规划范围北至镇江村老君堂接赵家山片区，东至嘉陵江岸线，南至嘉陵江元山子沟口，西至兰海高速，规划面积约为8平方千米，建设用地面积为3平方千米，是苍溪连接阆中，促进一体化发展的重点合作试验区。以山水为轴，打造半山半水半城的园区形象。结合园区"龙"形山势，依托良好的植被和山形特点，打造山地康养和运动主题产品体系，构建集"体""养""医""娱""教"于一体的大健康产业集群。依托嘉陵江良好的水环境资源，以滨水绿道串联组织重要功能板块，各类健康中心、文化商业、休闲旅游设施、山地公园与社区成组团式布局，滚动式开发。

南部的满福坝片区位于嘉陵江以东，火峰山以西，外环路以内的区域，建设用地约为6平方千米，山水环境优越，土地储备丰富。依托阆南快速通道与嘉陵江航道，对接阆中古城与江东片区，联动开发古城、"水城"、"赛城"等核心项目。结合嘉陵江及内河水系景观，以亲水文旅为主题，建设集商业零售、餐饮、休闲娱乐、文化旅游、宾馆酒店、现代服务为一体的滨水综合性商业区。以火峰山、杨家山为背景，重点打造满福水城湿地公园，展现阆苍南兼具"望山亲水"的景观风貌与高品质、现代化的城市气质。

4.1.3 多点、多廊：多节点、网络化、融合式的镇村体系

提升苍溪的白桥、元坝、歧坪、龙山和阆中的思依、柏垭、千佛、老观以及南部的升钟、楠木、东坝等中心镇的集聚辐射和示范带动能力，引导农村人口和生产要素向中心镇集聚，集中布局与开发。优化空间结构、有效保育生态环境，带动更大范围的区域经济社会发展。

建设"小而美"的特色小镇。重点建设镇区和社区，强调营造小镇味道，控制新建地区的建筑高度和街区尺度，形成"小尺度、低高度、中密度"的整体空间氛围。突出不同类型小镇的主导功能特色，促进小镇错位发展、功能互补。镇区内部强调功能和业态混合，促进创新、生活、休闲、文化等功能融合，提升镇区的人居环境品质和公共服务水平，打造尺度宜人、景色优美、生态良好的镇区风貌环境。

建设秀美宜居的特色村庄。保护一批具有历史文化底蕴和风貌特色的村庄。做活一批在资源产业、环境区位、商业工贸等方面有明显特色的村庄。以乡村振兴战略为导向，深入挖掘整理美丽村庄的文化特色，延续和强化村落与自然和谐共生的整体格局，保护村落与水共生、临水而居的关系，延续"村在田中、田在村中"的空间特征和传统小尺度街巷空间，形成错落有致的乡村聚落。提升村落公共空间环境，保护村落的古树老房，作为延续"乡愁"记忆的空间载体，选择村落具有一定资源或区位条件较好的节点地区，打造微空间节点。

强化中心城区、先行合作区、重点镇、特色小镇、美丽村庄的交通联系，依托主要交通干线构建连通内外的多条城镇发展廊道，沿线布局产业园区、旅游区、农业产业区与居民点。结合交通廊道设置景观林带及生态绿地，统筹安排森林、绿带、郊野公园、城市公园和街景绿地等，塑造多样化的城镇生态空间。

4.2 建立全域覆盖的国土空间管控分区

推进阆苍南整体保护与管控，资源统筹利用，严格落实全域全类型国土空间用途管制制度，提升空间治理能力和水平。以资源合理利用为目标，科学划定用途分区，明确不同用途分区的功能导向，制定管制规则。

4.2.1 严格控制生态保护空间

生态保护空间主要涉及嘉陵江、构溪河、升钟湖水库及九龙山等区域。生态保护红线内，自然保护地核心保护区原则上禁止人为活动，其他区域严格禁止开发性、生产性建设活动。法律法规另有规定的，从其规定。生态保护红线内、自然保护地核心保护区外，在符合现行法律法规的前提下，除国家重大项目外，仅允许对生态功能不造成破坏的有限人为活动，严禁开展与其主导功能定位不相符合的开发利用活动。

4.2.2 优化调整农田保护区与乡村发展区

严格落实基本农田红线划定要求,在规划期内必须严格保护基本农田,除法律规定的情形外,不得擅自占用和改变基本农田用途。区内农业生产重点推进专业化、规模化发展。应完善农业配套设施,改善农业发展基础条件。乡村发展应重点优化村庄布局,集中、集聚发展,推行农村居民点建设规模总量与强度"双控"。在接纳生态空间人口迁出的前提下,可适当增加农村居民点建设规模,但要严格控制人均农村居民点用地指标。现存历史文化名村、传统村落应予以保留保护。

4.2.3 统筹安排城镇建设空间

城镇建设空间包括城镇集中建设区、特殊用途区和城镇弹性发展区。该区是城镇建设的重点区域,规划建设布局应满足产业发展和公共服务配置需求。城镇建设应重点优化功能布局,产业发展应遵循集中集约原则,最大限度保留自然山地、林地、水系等。充分考虑环境影响,合理布局工业、商业、居住、科教等功能区块及绿地系统。应为城镇建设预留发展空间,城镇发展区用地布局需要调整的,可在弹性发展区内进行城镇建设。规划期内,调整幅度不得大于规划城镇建设用地总规模的15%。下一步,上级人民政府在分解下达新增建设用地指标时,将把批而未供和闲置土地数量完成情况作为重要测算指标,逐年减少闲置用地、批而未供用地较多的地区新增建设用地计划安排。阆苍南应提高存量建设用地在土地供应总量中的比重,制定和完善土地节约集约利用方面的制度、措施和土地使用标准,规范有序推进城镇低效用地再开发和城镇更新。重点要结合嘉陵江流域文物古迹、古镇古村、工业遗产、非物质文化遗产等重点历史文化遗产保护利用需求,有序开展工业废弃地、工业遗产用地以及其他低效建设用地整理。建立合理利益分配机制,采取协商收回、收购储备等方式,对旧工厂进行活化利用,推进旧城镇改造。

4.3 强化重点区域的空间划定与引导

4.3.1 协调嘉陵江沿线空间利用

严格落实国省关于岸线保护要求,针对中央环保督察反馈的侵占岸线等相关问题，要坚决避免。对嘉陵江沿线空间协调利用提出具体的空间指引，划定沿江生态岸线、游憩岸线和城镇岸线三大岸线功能区，分类提出岸线开发与保护的控制要求（图4-2）。

生态岸线主要包括苍溪的亭子口沿线、苍溪中心城区至阆中城区沿线、阆中的金沙湖和构溪河湿地沿线、阆中江东片区至南部满福坝片区沿线、南部中心城区以南沿线。生态岸线的开发利用以发展生态林业、生态农业和生态旅游为重点。加强沿线山体、河岸、湿地的生态修复，提升涵水保土功能。实施沿江河段治理，新建生态护岸，改造老水泥挡墙护岸。严禁建设占江面、占河道（沟渠）、占岸线房屋。全面做好入河排污口优化布局以及核查、监测和监管，推进嘉陵江排污口改造及沿岸截污工作，加快截污纳管建设。全面梳理嘉陵江沿线水系廊道、自然斑块等，保留自然生态岸线及两岸的湿地，有效蓄滞洪水，减少内涝，保留自然界生物的迁徙廊道和栖息空间。对亭子口等重要的水源储备地要进行重点保护。

游憩岸线主要包括苍溪百利片区、阆中古城与金沙湖、南部满福坝片区沿线。结合城市绿道、慢行系统、滨江快速路等打造游憩网络，将苍溪百利片区（"慢城"项目），阆中古城、"水城"、"赛城"及南部的满福坝片区串联整合。同时，设置嘉陵江水上游线，打造水上旅游发展载体。在滨水岸线上融入山水文化、红色文化、科举文化等特色元素，在满足城市居民休闲娱乐需求的同时，展示三县（市）文化特色和城市风貌。要通过塑造特色滨水岸线、打造城市公园体系来突显沿线服务品质。布置交通与慢行动线，控制水岸天际线，设计景观小品，以增强滨水可达性、亲和力、参与性为主要目标，打造人性化开敞的滨水景观场所，展现自然生态特色。

城镇岸线包括苍溪中心城区、阆中中心城区、江东片区和满福坝片区、南部中心城区的沿线区域，主要提供生产服务、生活休闲和绿化景观等功能。其中，苍溪县拟建临港经济区，依托广元港苍溪港区建成水运港口物流集散区、粮食储备及农产品精深加工区、水运游客集散区等。要重点考虑城镇岸线与游憩岸线、生态岸线的协调，避免嘉陵江水运与水上游线产生冲突。要保证码头相应的水深条件，广元港苍溪港区要求可停靠至少500吨级货船；其他码头要求可停靠载重100人的客船。

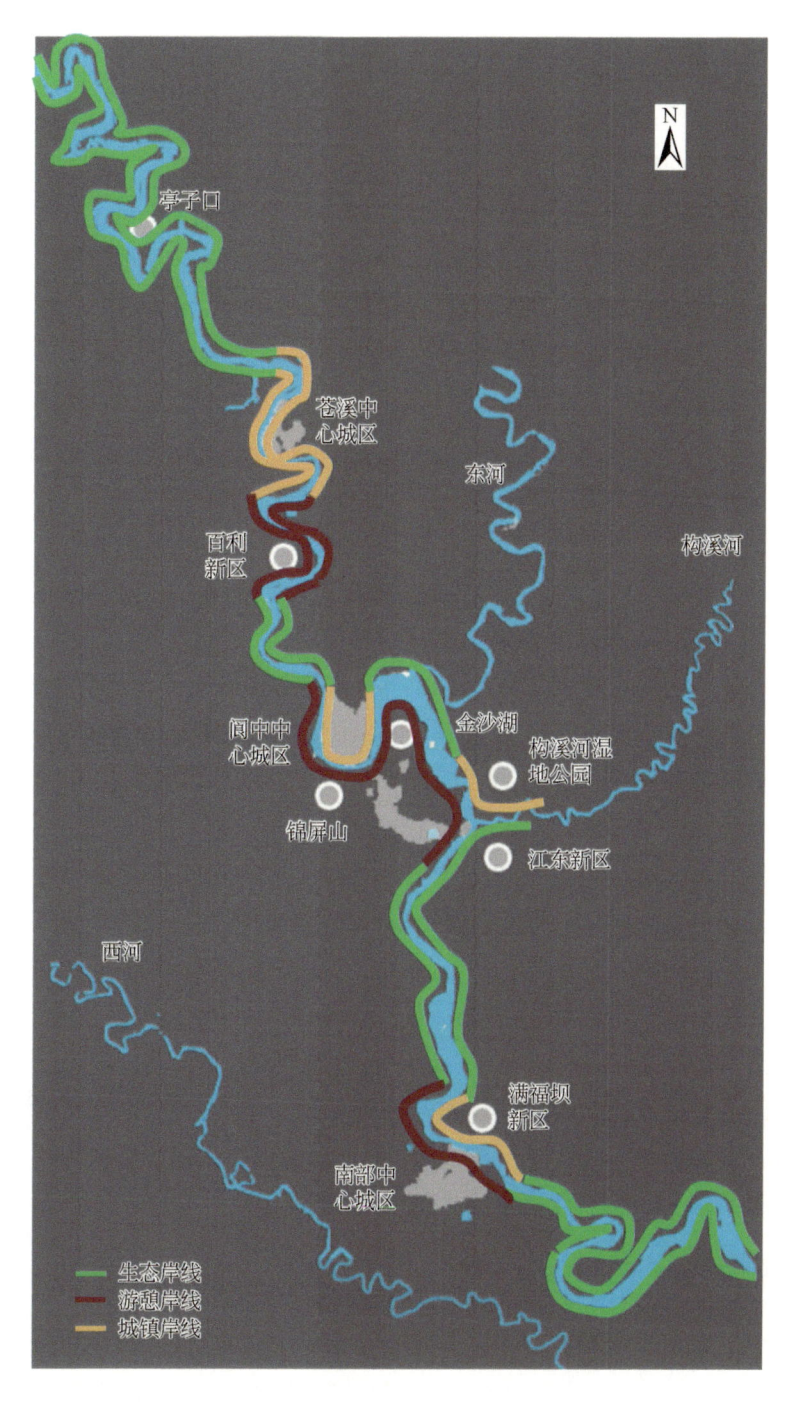

图 4-2 嘉陵江沿线岸线分类控制示意图

4.3.2 联合打造升钟湖旅游景区

升钟湖景区位于阆中、南部交界地区，是国家 AAAA 级景区。积极创建升钟湖国家级旅游度假区，全力提升"中国升钟湖、世界钓鱼城"的旅游品质与旅游配套服务设施，建设以森林康养、山水运动为主题的国际旅游目的地。

阆中与南部县目前对于升钟湖的开发和管理尚未实现全方位的合作，各自政区内的资源开发相互独立，缺乏衔接，从而导致资金的浪费、基础设施的重复建设等。在开发的深度上还停留在观光、农家乐等初级形式。

综合考虑生态环境、基础设施、自然人文资源等基本要素，以升钟湖风景区为核心，以升钟湖流域旅游吸引物为依托，按照"圈层拓展"与"轴向串联"结合的开发模式，构建形成"一核心、多节点"的旅游空间新格局。

阆中与南部要共同维护好沿升钟湖流域的生态结构和功能品质，打造跨区域无障碍旅游合作示范区。对升钟湖旅游资源进行优化配置，应以南部县升钟湖旅游景区为核心，打破行政界线的约束，以精品线路为纽带，由点到线、由线到面，争取在区域内形成若干知名的旅游产品，突出其多样性、灵活性和特色化，满足不同兴趣爱好旅游者的需求，延长旅游地和旅游产品的生命周期，从而有效地避免行政区旅游资源的重复开发、低质量开发。联合举办中国升钟湖钓鱼大赛，共同打造具有国际影响力的旅游品牌。

整合现有的交通资源，构建升钟湖区域一体化的现代化交通网络，畅通区内、区际高速公路大通道，将交通服务基础设施资源转型为旅游服务资源，缩短景区与全域景点间的时空距离。在重要节点设立、完善游客咨询集散中心，为过往游客提供线路营销、旅游购物、休闲娱乐等服务。

推进升钟湖水生态保护工作，引进专业环保公司，全面建立垃圾压缩收集转运系统，建立生活垃圾"村收集、镇（乡）转运、县处置"的城乡垃圾一体化处置模式。强化畜禽养殖污染治理，科学划定升钟湖 200 米范围内为禁养区，实施畜禽养殖污染专项整治行动。

4.3.3 统筹毗邻城镇资源要素配置

洪山镇、朱镇乡与满福坝片区是阆中与南部的毗邻区域，洪山镇与朱镇乡距离南部满福坝片区仅 4 千米，距离阆中中心城区约 12 千米。以满福坝片区为核心，优化公共服务设施与城市居住供给。合理设置 15 分钟公共服务圈，涵盖文化、教育、体育、卫生、娱乐等公共服务设施，辐射带动朱镇乡与洪山镇。在严格保护周边山脉的同时，打造区域绿地公园体系，嵌入到社区与景观网络中，提升阆苍南毗邻地区的生态绿色景观品质。强化毗邻地区各乡镇、景点的可达性，建议新增一条沿江主干道，连接朱镇乡与满福坝片区。

4.3.4 通过城市更新提升城市品质

顺应城市发展规律，稳妥推进改造提升。尊重人民群众意愿，以内涵集约、绿色低碳发展为路径，转变城市开发建设方式，坚持"留改拆"并举、以保留利用提升为主，加强修缮改造，补齐城市短板，注重提升功能，增强城市活力。加快实施老旧小区改造工程，增加城市的复合功能，推动职住平衡。探索历史街区和建筑的保护新思路。重点对城镇内沿山、沿江等区域的建筑进行空间优化，通过视线通廊的引导、绿化的遮挡等各种办法把这些建筑对风貌的影响程度降低。

坚持划定底线，防止城市更新变形走样。严格控制大规模拆除，除违法建筑和经专业机构鉴定为危房且无修缮保留价值的建筑外，不大规模、成片集中拆除现状建筑。严格控制大规模增建，除增建必要的公共服务设施外，不大规模新增老城区建设规模，不突破原有密度强度，不增加资源环境承载压力。严格控制大规模搬迁，不大规模、强制性搬迁居民，不改变社会结构，鼓励以就地、就近安置为主，改善居住条件，保持邻里关系和社会结构。

4.4 塑造特色鲜明的城市魅力空间

景观形象对公众的选择具有很高的影响力，在一定程度上决定了阆苍南发展的方向、速度和前景，特别是关系到三县（市）的建设品质与城市吸引力。

通过动态的水系、绿廊链接，串联组团状功能板块，将"山-水-田-城"相聚、相润、相合、相融，同时将阆苍南传统的浅丘风貌进行立体的三维引导，打造自然风光纵深发展的景观风貌格局。

4.4.1 建构温润和谐的魅力山水空间

嘉陵江、东河、西河、构溪河、升钟湖、八尔湖、九龙山、锦屏山、云台山等山水资源是阆苍南最具价值的自然景观要素。主动接山引水，营造山拥水润的和谐气氛，引导城市形成"城山一体、湖山一体、城湖一体"的独特的功能关系，实现其生态价值。

1. 打造"一江三河五湖"魅力水岸

"一江三河五湖"地区包括嘉陵江、西河、东河、构溪河、金沙湖、梨仙湖、亭子湖、升钟湖和八尔湖。现状沿江沿河沿湖周围建筑分布散乱，交通不畅，水岸保护不全面，需要进一步控制开发建设，提升江河湖生态品质，打造阆苍南滨水特色风貌的承载区。

保护河湖水体水质，以自然生态为前提适度开发利用，适量、适当建设公共开敞空间和旅游服务配套设施。强调水体周边的视线通透，保证岸线地区获得较好的景观视线和效果。滨水空间环境要提供多种功能，除水利和防洪的功能外，还应为游客休憩、绿化环境、动植物的繁衍生息提供条件。滨水景观设计应处理好人与自然的关系，巧妙地把水景、绿岛、山体融合在一起，以满足自然、亲近水体的需求为导向，营造出安全、和谐、富有情趣和舒适的岸线景观。在设置沿岸建筑时，应以低层形式、低密度开发为主，建筑屋顶提倡采用坡屋顶形式或设计屋顶花园，建筑色彩宜采用素雅色调。

2. 优化提升自然山脉景观风貌

九龙山、锦屏山、云台山等山脉环境优美，高低起伏，植被资源良好，是阆苍南自然生态的绿色背景。

保护区域性特色地形地貌资源，依托现有的山地农业和观光旅游业基础，抓住区域一体化机遇，推动旅游功能上山，积极发展生态旅游和山地休闲度假产业，形成一批环境影响小、经济社会效益高的支撑性旅游项目。

将城区、小镇、村落自然地镶嵌在大的生态环境里。以看山观景为导向，强化重要山体和城市重要景观地区的视觉联系，充分利用对景、借景等手法使建筑群与周边山体景观呼应与融合，构筑山城一体的空间格局。严格控制和保护山体轮廓线、山脊山谷线，注意建筑体量和尺度、高度同山体协调，形成层次丰富、错落有致的沿山空间，实现建筑与山体景观和城市风貌的和谐。

4.4.2 营造底蕴深厚的魅力人文空间

1. 重点打造古城、古镇、古村

阆中古城前照锦屏山，后依蟠龙山系，左靠青龙山，右临白虎山，三面环水，构成了"三面江光抱城郭，四围山势锁烟霞"的山水城格局。在保护古城传统格局基础上，以山水本底为特色，打通山水廊道，疏通山水经脉。

注重古城十字天心的空间轴线、街道格局，体现城市原有空间肌理，展示城市文化内涵。妥善利用历史街区、遗迹遗址等历史文化资源，整治、恢复和展示原有历史文化感知元素，挖掘城市历史文化内涵。建筑的形式、尺度与色彩应与山水环境景观及历史文化景观相协调，充分展现阆中风格，塑造独具特色的城市风貌展示界面。

立足古镇、古村的历史文化资源，把古树名木、文化古迹、建筑遗存以及非物质文化遗产等纳入历史文化保护对象。以历史遗存、事件传说、地名人物、传统民俗活动等为载体，打造特色人文景观，传承和弘扬阆苍南特色文化。

2. 依托景观绿廊串联历史文脉

结合三县（市）的不同景观风貌特征，对城市文化资源在公共空间中加以整合，提升城市文化场所的连续性。沿历史建筑、街区、文化地标等建设文化绿廊，通过众多集自然、人文特征于一体的、丰富多变的文化绿廊将城市与山体绿景、滨湖、沿江空间和历史人文空间系统地联系起来。并结合市民生活设置多样化的公共服务，同时满足游客和市民的需求，实现"引绿入城、以绿聚文、自然与人文交融"。

4.4.3 塑造城园相融的魅力宜居空间

1. 建构四级新型公园体系

成都市第十三届委员会第九次全体会议审议通过了《中共成都市委关于高质量建设践行新发展理念的公园城市示范区高水平创造新时代幸福美好生活的决定》（以下简称《决定》）。《决定》提出建设公园城市示范区，核心是完整、准确、全面贯彻新发展理念，落脚点是高水平创造新时代幸福美好生活，要以幸福美好生活十大工程为重点，将城市高质量发展成果具化为高品质生活体验，全面彰显"城市让生活更美好"的初心使命。

在四川推广公园城市建设的背景下，阆苍南应该加快增植绿网，丰富城市绿色斑块，构建由郊野公园、城市公园、小镇公园和口袋公园组成的四级公园体系。争取到2035年，阆苍南人均开放公园绿地面积达到15平方米，400平方米以上绿地、广场等公共开放空间5分钟步行可达覆盖率达到90%以上。

专栏4-1　阆苍南四级公园体系

郊野公园：结合古镇、湖荡、田林、村落等特色资源进行整体打造，不宜进行过多人工化改造和开发。通过丰富林相景观、完善特色慢道系统、打造景观节点和开放空间、引导农田肌理布局等方式，着重展现郊野自然风光、乡村本土风貌和大地景观特色，提供生态保育、湿地科普、文化体验、农业生产、游憩娱乐等多元活动。

城市公园：在活力城区内打造若干城市公园，公园内提供形态多样、类型丰富的景观及公共空间，为周边市民提供休憩娱乐、健身锻炼、科普教育、文化展示等功能。

小镇/社区公园：每处特色小镇/社区建成一处小镇公园，可结合各自特色资源，打造特色鲜明、功能多样的开放空间和景观风貌，凸显地区人文、生态、创新等特色。

口袋公园：在社区周边，结合街头绿地和小广场设置口袋公园，为周边社区邻里提供交流互动、日常锻炼、游憩娱乐的场所。口袋公园可结合城市有机更新、闲置土地和腾退土地的综合整治等工程实施，提升城镇环境品质。

---

2. 广泛嵌入社区开放式公园

强调社区公园的开放性与共享性，增强可达性，择优推动办公场地、单位大院等的内部绿地和服务设施的公共属性，扩展服务范围与服务群体，鼓励对外共享，满足城市居民的健康和休闲娱乐需求。倡导通过共商、共建、共治的模式建设公园社区，从而达到绿化、美化、净化社区环境、提升整体空间品质的目标。

4.4.4 营造生态秀美的魅力乡村空间

1. 建设一批美丽示范村庄

学习推广浙江"千村示范、万村整治"经验，通过典型引路，连点成线、连线成片、集片成群，形成美丽乡村建设的"雁阵效应"，塑造改善农村人居环境的特色品牌。按照"一村一景""一村一韵""一村一品"的要求，打造生态文化村、产业转型发展示范村、特色文化旅游示范村。在示范村庄推进农村生活垃圾、污水综合治理、农村户用厕所改造和提升村容村貌等综合整治，切实改善农村生产生活环境。

2. 打造一批田园综合体

以服务城市、繁荣农村、富裕农民为导向，以现代农业产业体系为载体，以乡村文化为内涵，把世代形成的风土民情、民俗演艺、乡规民约等特色发掘出来，创新乡村消费，打造一批集农产品种植、农业观光、农事体验、农业科普、民宿餐饮、主题娱乐、健康养生于一体的乡村田园综合体，实现城乡互动、城乡融合。

第 5 章　加强协同创新产业体系建设*

产业协作作为区域经济一体化的核心，其协作的力度将决定区域协调的深度和广度。但产业协作的精准度和可行性不足是产业协作面临的普遍难题，特别是县级单元之间的产业协作，在理论和实践层面都缺少足够的探索。因此，在确定阆中、苍溪和南部的产业协作方向时，除了常规的互补型合作之外，本研究针对阆苍南既有的产业协作基础、优质资源特点、产业升级痛点以及区域发展机遇，有针对性地谋划出多元化、精准化的产业协作路径。特别是要发挥劳动力、土地等生产要素的成本优势、院校人才优势以及生态资源优势，积极分担区域职能，协同融入成渝地区双城经济圈。

5.1　融入成渝地区双城经济圈产业发展格局

5.1.1　打造成渝地区旅游特色板块

川渝地区是我国世界级旅游资源最集中的区域之一。四川和重庆两地分别提出要打造四川省十大旅游目的地和重庆市三大旅游目的地。阆苍南恰位于"蜀道三国文化旅游"和"嘉陵江流域文化体验休闲旅游"两大旅游区重合地带。因此，如能积极融入巴蜀文化旅游走廊建设，将有利于借力区域旅游影响力，主动融入"大蜀道""大三峡"旅游环线，构建成渝旅游大区中重要的山水人文交织的流域旅游带（图5-1），与区域内其他旅游片区错位发展、差异竞争。可依托嘉陵江全江渠化工程，积极推进"阆苍南一体化·印象嘉陵江"综合旅游开发项目，谋划山水人文交织的嘉陵流域旅游带。形成以阆中千年古城为核心，苍溪乡村旅游、南部生态旅游为两翼，广元剑门关、巴中光雾山、仪陇朱德故里、广安小平故里和华蓥山等为组团的川东北文化旅游集聚区。

此外，应积极与川渝其他旅游区紧密合作，串联形成嘉陵旅游大环线，共同

---

* 本章作者：周君。

打造嘉陵江文旅经济带。推动阆苍南精品旅游线路入网上线，嵌入川陕甘渝红色旅游大环线、嘉陵江生态文化旅游大环线、川东北三国文化旅游大环线等重点旅游线路。积极对接剑门关、朱德故里、小平故里、九寨沟、峨眉山、重庆武隆、西安兵马俑等川陕渝知名 AAAAA 级景区，加快形成互助营销机制。

打造高水平文旅开放合作平台亦将对提升阆苍南文化旅游影响力发挥积极作用。通过参与国际性和区域性旅游展会，办好各类重点项目推介活动，可寻求在文化、康养、旅游等服务业领域的合作机会。例如，与成渝地区各文旅集团、文旅产业股权投资基金等深度对接，在旅游资源开发、旅游市场拓展、文旅融合推进等方面开展合作。举办阆苍南文旅产品国际营销年会，邀请旅游开发企业、旅行社、设计公司等参加，针对景区项目运营、投融资解决方案、景区项目设计等开展业务对接，探索旅行社业务合作新模式，打造差异化旅游产品。充分借助阆苍南本地节庆活动提升文旅项目的市场影响力。推动阆中持续办好落下闳春节文化博览会、嘉陵江国际龙舟赛、阆中古城国际马拉松赛、飞凤枇杷采摘节等活动；苍溪持续办好梨花节、猕猴桃采摘节、环亭子湖自行车赛等活动；南部持续办好升钟湖国际钓鱼节等活动，整体提升阆苍南区域节庆活动的知名度和区域影响力。

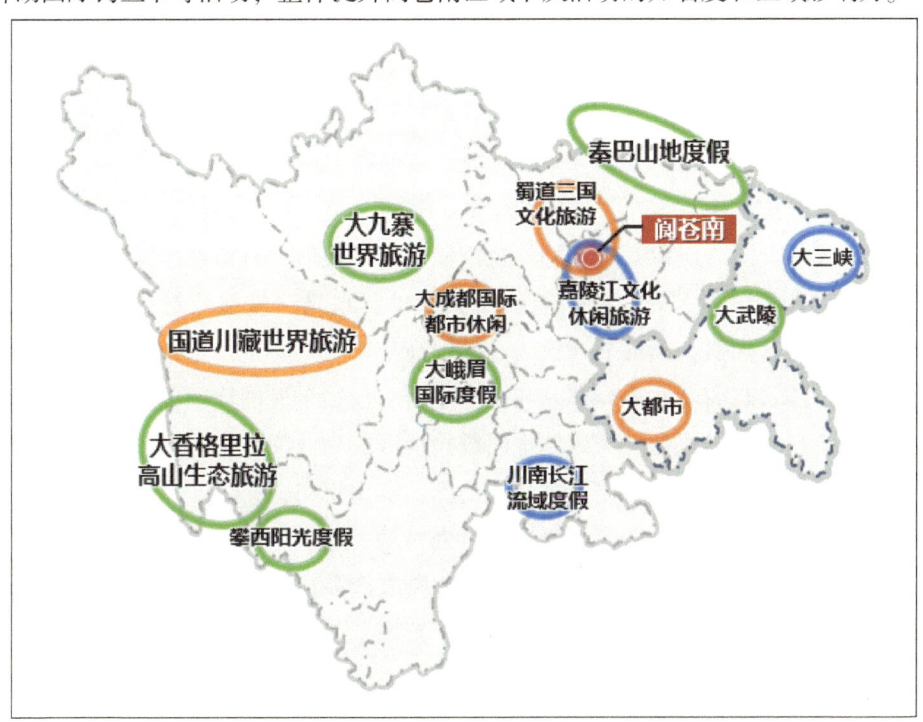

图 5-1　阆苍南融入成渝区域旅游

5.1.2　积极对接成渝制造业溢出

主动承接成渝地区双城经济圈产业项目转移，是推动阆苍南产业链向高端跃升的重要路径。以打造成渝地区双城经济圈产业转移承接地、形成成渝地区双城经济圈北翼重要支撑为目标，以汽车汽配、装备制造、电子信息、食品医药等产业为着力点，加强与成渝地区等重点企业对接，打造成渝关键零部件配套生产基地和成渝制造业协作基地。此外，应抢抓5G及国家新一轮电子信息产业发展政策机遇，积极与成渝乃至沿海地区的电子信息优质企业对接，加大对电子信息及智能汽车相关产业的招商引资力度，提前布局成渝地区汽车电子生产配套环节。打破以往"碎片化"的转移方式，从关注总量、规模向关注质量、结构转变，以专业化园区为载体承接集群化产业转移，打造若干成渝双城配套产业园。

近期，应以共建成渝双城经济区配套产业集群为核心目标。积极对接成渝两地机电产业，引进汽车零部件生产企业。以配套成渝整车生产为方向，发展汽车制造及零配件生产、工程车组装及配件生产、新能源汽车及配套零部件生产等项目。加强与成都市及周边地区沟通对接，主动融入成德绵产业发展带，积极承接眼镜、制鞋等轻工制造产业转移。此外，加快苍溪"元坝气田"等能源项目建设，打造成渝清洁能源保障基地，支撑区域产业绿色转型发展。

5.1.3　打造成渝区域级高端农产品牌

苍溪红心猕猴桃、雪梨，阆中保宁醋、张飞牛肉，南部柑橘、升钟有机鱼等特色产品享誉全国。应以共建成渝绿色产品优质供应地、打造成渝地区双城经济圈"生态菜园子"为目标，提升有机蔬菜、生鲜水果、道地药材等农产品的科技含量和产品附加值，高标准建设成渝地区高品质农产品生产基地。注重线上与线下同步、零售与商超共推、产品与服务融合，鼓励企业围绕不同群体打造差异化优质农产品，通过电商、新媒体推向成渝地区。联合阆苍南各特色农产品经销商，与成渝重点农产品商贸企业搭建电商圈，实现定向输送。

在此基础上，应积极转变营销策略，通过"互联网+生态农业"等方式，精准对接区域高端人群消费需求，抢占成渝高端农产品市场。深入实施品牌建设孵化提升工程，做靓"农产阆苍南"的区域公用品牌，做强苍溪红心猕猴桃、阆中川明参、南部升钟鱼等农产品牌，支持龙头企业打造企业自主品牌，构建"区域公用品牌+产业（产品）品牌+企业自主品牌"的优势特色农业品牌体系。对接高端科研院所，增加农产品品种培育、产品研发等投入，严格把控农产品产地环境，提高农产品品质，全面建立推行种养生产标准、加工技术标准和产品质量标准，实现从栽培、加工、销售到家庭的全程数据追踪。加大对申报绿色、有机和地理标志保护产品奖补力度，提升阆苍南农产品在成渝地区双城经济圈的知名度。

5.1.4　规划建设西部数字产业园

当前，数字经济发展速度之快、辐射范围之广、影响程度之深前所未有。数字经济不仅是新的经济增长点，更是改造提升传统产业的支点。阆苍南应重视数字经济对区域发展的重要作用，借力成都、重庆及沿海地区数字经济优势，规划建设辐射阆苍南的西部数字产业园，加强与浙江、深圳等沿海地区大型数字企业、信息化企业联系，积极引进培育一批数字化企业入驻。共同创建阆苍南数字经济平台，加强三县（市）在现代农业、智慧工业、云计算、人工智能等领域合作，促进数字经济与传统经济融合发展，激活电商经济发展动力。加快现有小微企业技术改造和提升，鼓励和引导企业加快智能制造转型，打造"智能工厂"和"数字化车间"，鼓励实施数字化转型的大企业带动下游中小企业协同数字化转型。积极推动农业数字化，实现大数据与农业农村深度融合，建成一批智能畜牧、智慧渔业、数字种业、数字田园等新型农业产业。建设智慧工业，加快推进大数据、"云计算"、人工智能等信息技术在生产制造领域的深度运用、融合创新。

5.2　推动产业协作发展

寻找明确的利益结合点，获取合作的真实需求和动力，是推动区域产业协作的根本。阆苍南的共同利益可从三方面进行考虑：

5.2.1　整合资源，打响共同的区域品牌

针对单独发展不如组合发展效果的领域，应通过区域内优质资源的整合，共同打造区域品牌。近期，重点从文化旅游领域发力，整合唯一性文化生态旅游资源，打造阆苍南旅游区；从高品质农业切入，整合特色农产品种植和加工资源，打造阆苍南高端农产品区；充分挖掘丰富劳动力资源，与文化旅游等本地特色产

业以及家政服务等高需求专业结合，打造川东北职教联盟。以产业联盟等形式共同建立一套高水平的质量标准体系和服务标准体系，共同打造区域品牌形象。

5.2.2 各方出力，共建产业发展的公共平台

针对可让各方均可收益的公共性、基础性工作，应通过资金与责任共担的形式共同完成，为区域产业长期的良性发展打下基础。

第一，制作阆苍南产业发展地图。借助区域级研究机构或智库，定期发布阆苍南产业发展研究报告，特别是制作产业发展地图和创新资源分布图等，深入研究各片区未来适合发展哪些产业，为产业投资指明方向。对市场容量进行准确分析和预测，评估区域内现有生产与供应能力，为企业和政府的投资决策提供参考，避免同类项目进行重复建设或盲目扩大生产规模，提高总体投资效益。

第二，共同搭建产业创新要素共享平台。借力成渝高端创新资源，共同搭建产业创新要素共享平台。在企业间自发的技术和供应链合作基础上，推动更广泛的产业链互动，导入成渝的重点实验室、科学仪器、科技专利、专家人才等高端要素，以创新资源的共享推动区域层面的产业链优势互补和资源调度。对于优质技术人才等创新要素，通过人才共享、柔性聘用、联合培养与引进等方式，充分吸纳和借力成渝乃至全国的优质人才，增强阆苍南的创新原动力。

第三，建立阆苍南商会、区域展会等市场开拓平台。在促进阆苍南商会交流的基础上，进一步成立阆苍南驻成渝联合商会，通过联合推介、精准对接等形式，搭建政企交流平台，共享商会资源，借助成渝地区双城经济圈在新兴产业、金融、服务及平台优势，与阆苍南各项产业相结合，进一步推动区域经济交流融合，协同发展。通过商会的组织网络与力量，推动民营经济板块广泛合作、互补互动，从而形成一个民间性、自组织、市场化的商业合作组织发展平台，充分发挥商会的资源整合功能、区域间的中介调解功能和"以商招商"的经济合作功能。

5.2.3 统一底线，制定产业发展的共同规则

此外，应通过制定统一的底线和规则，防止某一方扩大自身利益而对区域发展总体利益造成损害，确保区域经济发展与人口、资源、环境相协调。

第一，坚守绿色底线。共同遵守产业发展的生态规则，特别是共同维护流域生态环境。开展嘉陵江流域绿色产业发展共防共治的低碳试点，建立产业绿色发展的风险防控机制，禁止布局高耗水、高耗能及环境污染高风险项目。进一步深化节能减排，实行区县、重点行业主要污染物排放总量与强度控制制度，推动区域绿色转型升级。增强绿色发展的技术支撑能力，着力构建以清洁生产、污染治理、生态改善为重点的绿色技术集成示范与推广应用体系。

第二，坚守诚信底线。共同形成信用监督体系，明确区域内企业发展和知识产权信息公开机制，实行守信联合激励、失信联合惩戒、信用"红黑名单"共享互认，优化区域整体营商环境。

5.2.4 构建阆苍南产业协作体系

结合阆苍南所在区域发展机遇、现有产业发展基础以及三县（市）特色资源条件，谋划阆苍南产业协作的重点发力方向，锁定三种主要的产业协作形式：优势整合型、产业链互补型、差异发力型，形成优势互补、协调发展的产业协作体系。

优势整合型产业协作指将三县（市）特色优质资源总体打包，形成区域级的产业发展合力，发挥总体大于部分的协同优势。该类型以阆苍南文化旅游为代表，将阆中文化特色的旅游资源、苍溪农业生态为特色的旅游资源以及南部以山水为特色的旅游资源相互串联、综合叠加，形成区域多层次高品质的文化生态旅游产品，同时在各自有差异的地方继续保持独立的比较优势。

产业链互补型产业协作指三县（市）在大的产业门类之下的产业链不同环节存在差异性，各自擅长的产业细分领域存在关联性，可通过生产要素整合和政府有关政策调整等，取长补短，共同建设网络分工或者节点配套的产业模式，形成产业集群，进而优化资源配置，增强整体竞争力。该类型以阆苍南的农产品加工为代表，应在充分挖掘三县（市）各具特色的优质农产品基础上，进一步发挥苍溪原产地农产品加工优势、阆中农产品深加工、冷链物流及面向旅游的食品品牌的优势，以及南部农产品电商营销的优势，构成上下游完整的产业链条，打造阆苍南区域的高品质农产品品牌。

差异发力型产业协作指各地拥有共同的发展意愿，但存在产业发展路径上的交叉重叠，应在充分尊重市场规律的前提下，各自发力，做大区域产业总量。该类型以阆苍南的传统制造业为代表，三县（市）目前尚未形成完整的制造业体系，而以配套成渝及沿海地区制造业不同环节为主，特别是成渝的汽车配件、东南沿海的电子信息，以及食品加工和清洁能源等具有一定本地特色的产业。未来应继续积极对接成渝地区双城经济圈以及沿海产业发达地区，争取优质产业资源的承接转移，在不违背市场规律和生态治理要求的前提下，统筹考虑存量优化和增量升级，夯实阆苍南的特色化制造业基础。在阆苍南竞合共赢框架内，探索联合招商、项目区内统筹协调等产业协作的创新形式，降低交易成本，提升整体产业竞争力。

在三种类型产业协作的框架内，分别打造文旅协同的嘉陵江国家级旅游休闲区、农业协同的川渝高端山地农产区、制造业协同的绿色产业承接示范区。

专栏5-1 阆苍南三县（市）产业发展现状

阆中文化旅游资源集中程度高，以建设天府旅游名县、国家级夜间文旅消费集聚区为主抓手，坚持大项目支撑，成功招引阆中赛城、阆中水城等总投资超过800亿元的文化旅游大项目，阆中古城获评全国AAAAA级旅游景区综合影响力50强，位居全国第20位、全省第3位，2020年旅游业综合收入已近200亿元，形成了文旅带动、一二三产业融合发展的良好局面。

苍溪产业的主要优势是特色农产品、休闲农业旅游，以及天然气资源等。以红心猕猴桃为主的"红心猕猴桃百亿产业"，以生猪、肉牛羊、土鸡养殖为主的"健康养殖百亿产业"，以黄精、白芨等道地中药材为主的"中药材百亿产业"初具规模，被评为全国基本实现现代化的国家现代农业示范区、首批特色农产品优势区、生态农业建设先进县和农业全产业链开发创新示范县、国家现代农业产业园创建县。休闲农业与乡村旅游的发展成绩也得到肯定，被评为全国休闲农业与乡村旅游示范区。

南部的工业发展相对最好，南部抢抓工业和信息化部定点帮扶和东西部协作等重大机遇，建设好园区平台、招商渠道、营商环境，重点发展机械制造和电子信息产业，2020年工业总产值590亿元，工业经济对县域经济贡献率达40%。南部经济开发区已建成面积为7.5平方千米，入驻企业145家，其中规上企业90家，2020年实现工业总产值超430亿元，获批国家新型工业化产业示范基地，荣获四川省优秀开发区表彰。

5.3 优先推动文旅统筹协调

文化旅游资源的整合是阆苍南一体化可优先推进的抓手。因文化旅游资源具有外部性和不可复制性，而生态旅游资源单点引爆不如环线串联，景点之间的合作诉求大于竞争，三县（市）共同打造旅游产品将有助于提升阆苍南区域的旅游知名度和能级。

阆苍南历史文化悠久，水系丰富，自然山水景观多样，区域内遍布各类人文和自然生态的旅游资源，又以嘉陵江沿岸最为富集，沿江资源整体聚合的潜力巨大，存在多种游线组合的可能性。具体而言，苍溪位于大巴山南麓的中山丘陵地带，山地资源丰富，又因其高品质农业闻名，因此该区域与农业生态相关的旅游资源较为突出，如红心猕猴桃农旅园区、梨文化博览园等。近期引导农业旅游向生态康养方向转型，积极推动百利康养片区等康养旅游项目。阆中古城闻名天下，依托三国文化、春节文化、红色文化等形成了川东北历史人文高地，遍布各类独具特色的人文旅游景点。同时凭借构溪河以及与南部县毗邻的升钟湖等水系资源，形成较为多样的生态旅游体系。南部近年来以"山水城市·大美南部"为核心口号，大力发展山水运动康养类旅游项目，形成了以升钟湖、八尔湖、南部水城等多个亲水旅游重点板块。总体来看，阆苍南丰富的文化和生态旅游资源密集分布于嘉陵江两岸，嘉陵江既是该区域最重要的历史人文纽带，也是山水景观的富集带（图5-2）。

5.3.1 构建"一带三区三核双环"的文旅协同格局

根据对现状资源的开发潜力分析，构建阆苍南旅游发展"一带三区三核双环"的总体结构（图5-3）。"一带"指嘉陵江国家级旅游休闲带，作为阆苍南旅游区最重要的综合性标杆。"三区"指按区域资源特色将区域划分为三个文化旅游特色片区，包括人文阆中——以古城为核心，以文化体验为主要发展方向，打造文化观光、文化体验、文化休闲等旅游产品；梨香苍溪——以优质农产品为基础，以乡村休闲为主要发展方向，打造农业观光、农事体验、乡村度假等旅游产品；山水南部——以升钟湖、八尔湖、南部水城为核心，以运动康养旅游为主要发展方向，打造运动健身、康养度假等旅游产品。"三核"指三大旗舰产品，分

图 5-2　阆苍南旅游资源地图

别是阆中古城游、苍溪生态康养游、山水升钟度假游。"双环"指南北旅游合作环线，皆以阆中古城（近阆中机场）为出发点，利用省道公路网络，串联区域内不同类型、不同层次的精品旅游项目，确保南北线皆包含多元化的旅游体验。沿线可进一步布局细分合作项目，推出各类短途旅游产品。

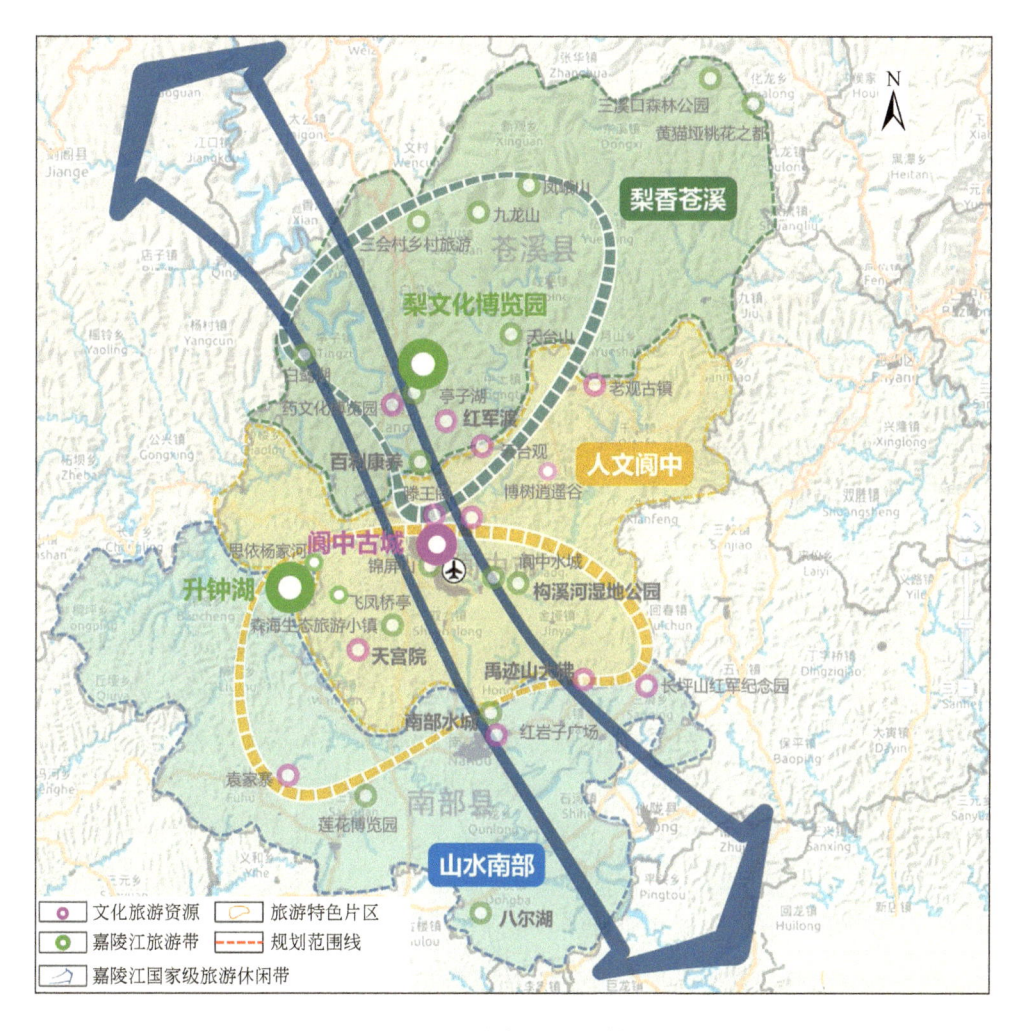

第 5 章　加强协同创新产业体系建设

图 5-3　阆苍南文旅协同格局

　　扩大区域影响力是阆苍南文旅协同发展的重中之重，为此，应树立统一的区域品牌形象，打造独具特色的高品质区域旅游产品。应以全力打造嘉陵江国家级旅游休闲区、建设世界级文化旅游目的地为目标，以"印象嘉陵江，水韵阆苍南"为统一品牌形象，打造由嘉陵游轮+低空旅游+景观公路（多彩公路）多元旅行方式构成的"水陆空"立体休闲旅游新模式。全力布局一批具有标志性、枢纽性的文旅重大项目。策划嘉陵百里生态景观画廊、川东北山水休闲天堂、川渝运动康养基地、川东北最美乡村民宿度假区、中国钓鱼城等若干精品项目。策划嘉陵江滨江休闲运动节、阆苍南靓果采摘节等区域性活动，以"一节三地"

等形式，由阆中、苍溪、南部轮流承办。

嘉陵江的穿流而过，赋予了阆苍南打造陆路和水路交织的复合型流域旅游的天然条件。陆路以 G212 为主轴，立足沿途旅游资源的互补性，打造川东北"最美公路"等特色项目，串联各个独立旅游景点，聚集运动休闲、养生度假、文化体验、生态观光等多功能项目为一体。水路以与 G212 平行的嘉陵江百里水道为主轴，实施亭子口电站—沙溪电站—金银台电站—红岩子电站嘉陵江水上旅游综合开发项目，实现三湖联通。推出水上精华一日游，打造以山水为特色的运动休闲旅游目的地和养生度假旅游目的地。引导水上项目与 G212 沿线的其他旅游项目充分互动，逐步实现游览活动由陆路向水路的转变，形成独具特色的"山水相依、水天一色"的亲水风光、"因水而兴、因水而富"的亲水活力、"江城一体、枕湖而眠"的山水记忆。

此外，嘉陵江中上游自然生态资源、历史文化底蕴优势，为实施"康养+"战略、建设成渝地区双城经济圈生态康养"后花园"创造了良好条件，可推进生态文化体验、休闲度假观光和健康养生等产业融合发展。围绕"醉美梨乡、水墨苍溪"主题，开发亭子湖滨水旅游产品，高品质规划建设梨仙湖文旅组团和"百利慢城"。南部立足"中国人的水立方"升钟湖和"川北小西湖"八尔湖水资源优势，以亲水运动、康复疗养、会议商务、慢行体验为主题，做足"水文章"。加快满福片区、升钟湖、八尔湖康养中心等重点康养项目建设。以户外运动、养生养心为方向，大力发展康养产业，推进金沙湾康养文化体验区建设。阆中以阆中水城为亮点，以江天旅游环线爆点，以博树逍遥谷、思依杨家河、飞凤桥亭村、天宫宝珠村等旅游目的地为特色节点，打造一系列绿色康养项目。

5.3.2　推动阆苍南同源文化与旅游的深度结合

创新"文化搭台、旅游唱戏"新模式，可实现三县（市）巴蜀历史文化资源、红色文化资源、三国文化资源、民间特色文化资源的有效整合，形成统一的文化旅游品牌。依托阆中古城、滕王阁、天宫院等景区，形成巴蜀文化旅游板块；依托红军渡、红子岩、升钟寺起义纪念园、长坪山红色根据地、河东区红色盐乡等红色旅游资源，以体验式红色旅游项目为载体，形成红色文化旅游板块；依托翠云廊剑南蜀道、汉桓侯祠（张飞庙）等景区，丰富饮食、表演、民俗等三国文化业态，形成三国文化旅游板块；依托众多保存完好的古文化遗迹，开发集观光、休闲文化、创意消费体验于一体，形成民俗文化旅游板块。

依托港澳地区对民俗文化的重视，可促进阆苍南与港澳城市间文化交流合作，探索川港澳文旅合作示范区建设。依托文化认同和价值认同，以文化寻根，以人文凝心。发挥文化创造力、城市创新力，谋划一批阆苍南与港澳文化联谊活动的文化交流合作品牌项目。积极开展文化贸易合作、文化外交往来、民间官方互动。

5.3.3 拓展多层次游客目标市场

重点市场，即一级目标市场，依托兰渝铁路等区域通道，打出川东北旅游核心区的名气，吸引四川、重庆、陕西等西部周边地区游客。拓展市场，即二级目标市场，依托阆中机场和兰渝通道，与三峡等全国性景点合作，吸引以一线城市为重点的全国游客。机会市场，即三级目标市场，依托阆中机场，吸引海外有独特文化兴趣的游客。

在拓展客流的区域限制方面，可充分借助智慧旅游模式，创新"实体获客、共享游客"的跨区域智慧旅游新业态。共同开发"一程多站"区域旅游精品线路，打造旅游大数据信息库，建立旅游一卡通、旅游预警等系统，推出"畅游阆苍南""旅游护照"等产品，改善游客旅游体验。打破区域限制，通过实体扫码的方式将景区之间、区域之间孤立的"流量岛"连接起来，聚集到游客池，统一进行管理。通过阆苍南旅游APP进行智能导流，在客户消费后，各景区将进行一定比例的销售收入的共享，实现景区间的资源联合和收益共享。

此外，以"阆苍南旅游区"为整体进行抱团营销至关重要。应以"统一形象口号、统一宣传资料、统一对外推介、统一旅游线路、统一举办活动、统一优惠政策"为内容，加强区域旅游宣传推广。以"门票互卖、广告互设、网站互通、商品互推、活动互办、分社互设"为内容，三县（市）互动宣传，形成合力。

5.4 优化工业差异发力模式

差异化组团发展是阆苍南工业协同的核心路径。阆苍南当前的工业分布表现为组团形式，绝大部分工业企业聚集于中心城区附近的各个工业园区中（图5-4）。

总体而言，阆苍南并非传统工业重镇，以一般制造业等传统产业为主，工业总量偏小、大型骨干企业少、技术创新能力弱，外来承接型企业逐渐成为工业增长的主要动力。

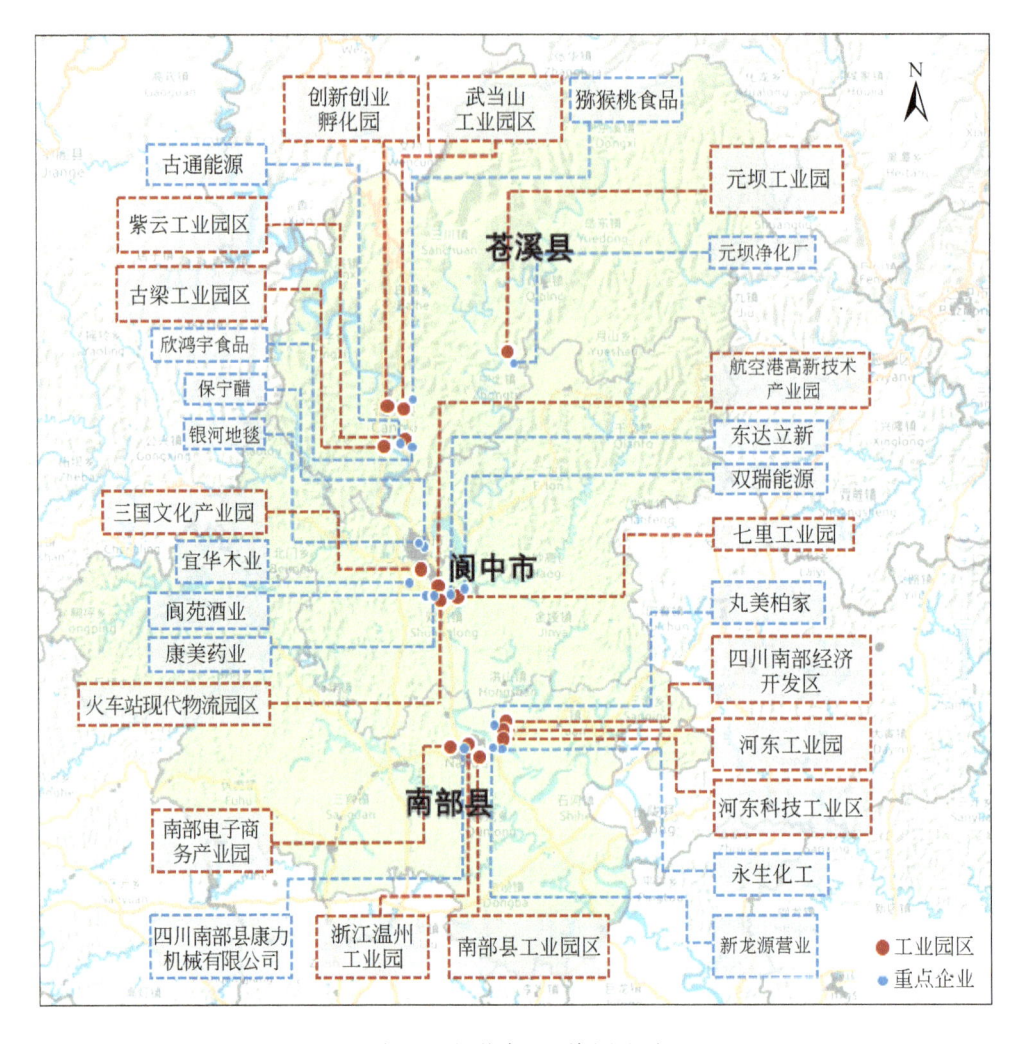

图 5-4　阆苍南工业资源地图

其中，苍溪近年来逐步突出工业主导地位，大力发展天然气综合利用、特色农副产品加工以及清洁能源产业等，从沿海地区承接建材装饰、机械电子、眼镜等产业。阆中的工业与旅游的深度融合发展是其最典型的特征，张飞牛肉、阆中保宁醋、银河地毯等老字号企业与旅游的深度结合是推动工业增收增产的一大亮点。相对而言，南部在加工制造业方面表现突出。南部经济开发区累计完成政府投资60亿余元，吸引外来资金200余亿元，建成标准化厂房30余万平方米，入驻企业140余家，初步形成"机械制造、电子信息、食品医药、新型材料"四大百亿产业，2020年成功获批"国家新型工业化产业示范基地"，被表彰为"优秀省级经济开发区"。

5.4.1 构建"一带三核"的工业总体格局

基于现状布局特征以及未来的发展趋势，依托G212和兰海高速等南北向区域交通廊道，紧凑布局三县（市）的工业板块，应积极推进工业企业向开发区集聚，形成"一带三核"的工业总体格局（图5-5）。一带指阆苍南工业走廊，作为阆中、苍溪、南部三县（市）未来工业发展与合作的主要廊道，与成都、重庆等外部区域形成联动。三核指依托阆苍南原有工业组团形成的产业核心。其中，苍溪核——坚持"工业强县"，依托紫云工业园区、古梁工业园区、元坝工业园建设"一区三园"，重点发展清洁能源、食品饮料、机电制造三大产业，重点关注眼镜、制鞋、猕猴桃三大特色产业，努力建成川东北清洁能源开发、西部绿色农产品加工、秦巴山区重要的机电制造三个区域性新型工业基地；阆中核——立足"文旅兴市、工业强市'双轮驱动'"总体思路，以"一区三园"为产业载体，其中"一区"指阆中经济开发区，"三园"指经开区整合包含的七里工业园、火车站现代物流园区、江东临港工业园区三个园区，将以食品医药、丝纺服装、建材装配、清洁能源四大产业集群为主要发展方向，大力支持张飞牛肉、阆中保宁醋、银河地毯等优势企业发展；南部核——立足"文旅兴市、工业强市'双轮驱动'"总体思路，依托四川南部经济开发区，重点发展以机械制造和电子信息为主的两大产业，着力打造汽车零部件制造基地、电子信息产品制造基地和铝合金新材料制造基地。

应根据产业的现状分布格局，明确各区域的产业定位，打造集规划定位、招商引资、项目落地、精准服务、政策支持于一体的产业全流程推进体系。推动三县（市）因地制宜，形成品牌特色，打造产业地标。有效服务各类投资者，弥补产业和空间之间的信息不对称，推动重大项目与产业地图精准匹配、快速落地。营造产业集聚发展优良环境，引导社会资本向重点区域集聚，加快构建集产业链、创新链等融为一体的产业要素体系。

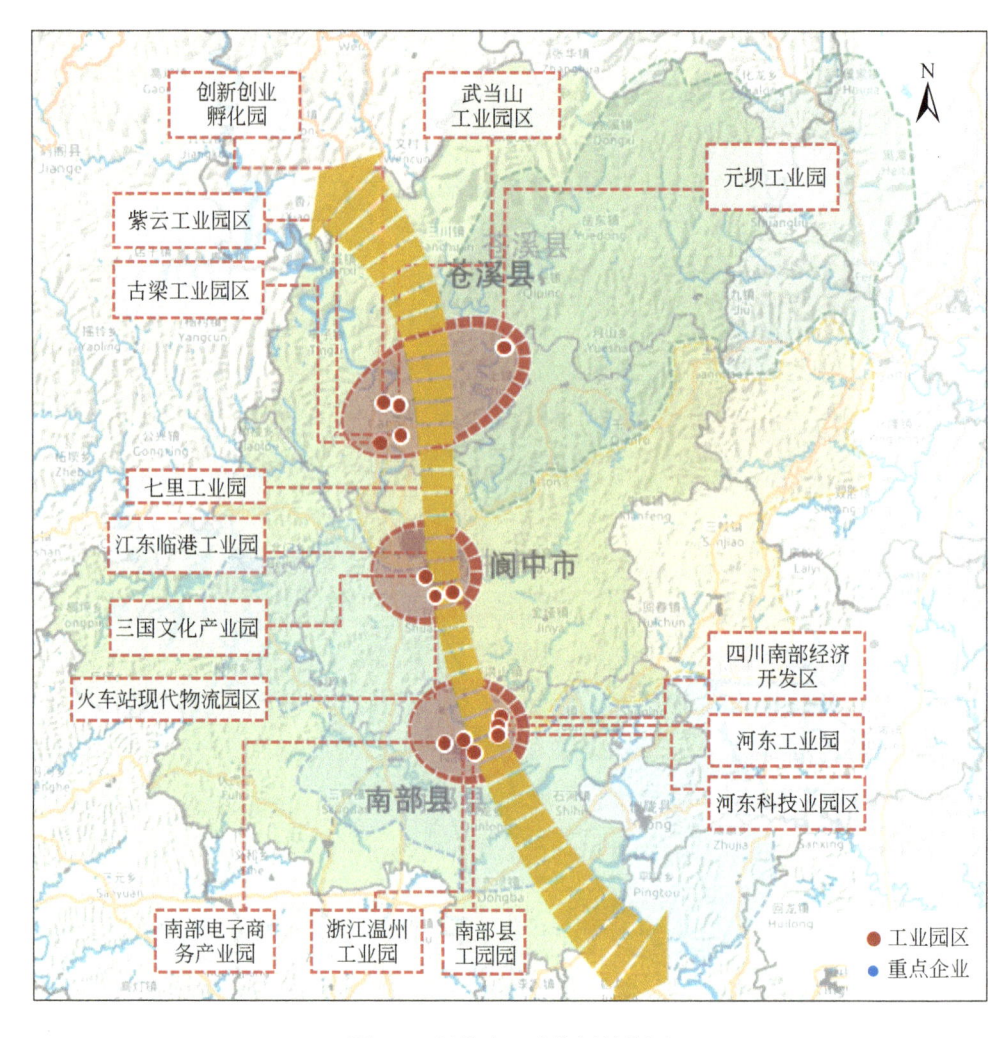

图 5-5　阆苍南工业协同结构图

此外，在当前产业准入、生态环保、能耗指标等底线要求明显提高的情况下，要努力提升园区集聚效能，处理好产业发展与环境保护的关系。积极引导工业向产业园区集聚，实施园区"亩产效益"改革，优化园区产业结构，淘汰落后产能，清理腾退、嫁接重组一批低效企业，扶持高科技、高附加值、低（无）污染产业，增强园区的产出效益。限制高污染高耗能项目进入，提高资源利用效率，推进企业清洁生产，发展循环经济，加强园区的环境保护，实现可持续发展。严格开发区土地使用管理，加大闲置土地处置力度，盘活利用低效用地，充分挖掘开发区土地利用潜力，推进开发区土地集约利用。

5.4.2 以市场和企业为主导，务实推进工业产业链合作

阆苍南虽然在大的产业门类上比较相近，但在产业链的细分选择上开始出现了差异化趋势，市场力量驱动下的产业链合作日益广泛。应当重视市场力量在区域协作中的关键性作用，为民间的市场化合作做好服务，提升区域总体的经济效率和产业竞争力。各自优势领域充分发力，强化区域工业发展总体竞争力。阆中市以食品医药、丝纺服装、清洁能源三大产业为主要发展方向，做大做强名优食品产业，重点发展肉食品加工、酿造食品加工、粮油和蔬菜食品精深加工等；巩固发展丝纺服装产业，重点扶持做大伊晶达、银河地毯、卓尚丝绸、洪昇服饰等；培育发展清洁能源产业，发展高效节能产业，提高资源综合利用水平。苍溪县持续做大做强清洁能源产业，深入发展食品饮料产业，培育壮大机电制造产业。依托天然气资源优势，加强与中石油、中石化等大型企业战略合作，构建清洁能源综合开发利用产业链；围绕苍溪红心猕猴桃、苍溪雪梨、生猪、肉牛羊、土鸡等特色优质农产品资源和川明参、白芨、黄精等道地中药材，强化资源整合，着力培育壮大一批食品饮料企业；围绕制鞋和眼镜系列产品生产研发，做大做强制鞋和眼镜产业的规模打造川北地区的眼镜产业园，推进制鞋产业外贸创汇。南部县加快培育"千亿产业集群"，进一步擦亮"国家新型工业化产业示范基地"的金字招牌。一是以恒诺电子、容熔电子、迈京邦光电等电子信息百亿产业集群，以电子信息产业园为载体，立足智能制造，构建整机生产带动、上下游同步配套的全产业链，促进电子信息产业链从一般元器件制造向精密元器件和整机终端产品制造延伸；二是以三鑫南蕾、宏昊铸造等企业为龙头的汽车零部件制造产业集群，抢抓工业和信息化部（以下简称工信部）定点帮扶的政策机遇，着力培育汽车发动机零部件骨干生产企业，加快汽车零部件制造基地建设，形成规模化产业集群。

5.5 创新农业产业链合作

阆苍南区域内遍布各类特色农产品，是成渝地区双城经济圈最重要的农产品产区之一（图5-6）。从更具体分布和品类来看，苍溪是区域内的农产大县，红心猕猴桃、中药材、梨等产品颇具市场影响力；阆中产的柑橘、枇杷等农产品特色鲜明，农业三产融合程度较高，例如江天休闲农业园区等农旅结合的生态农业园以及张飞牛

肉等旅游食品；南部以晚熟柑橘产业为主导，有机水产、蚕桑、中药材等为特色，依托升钟水库鱼等明星产品，以及南部在电商物流方面的优势扩大农产品的销路。

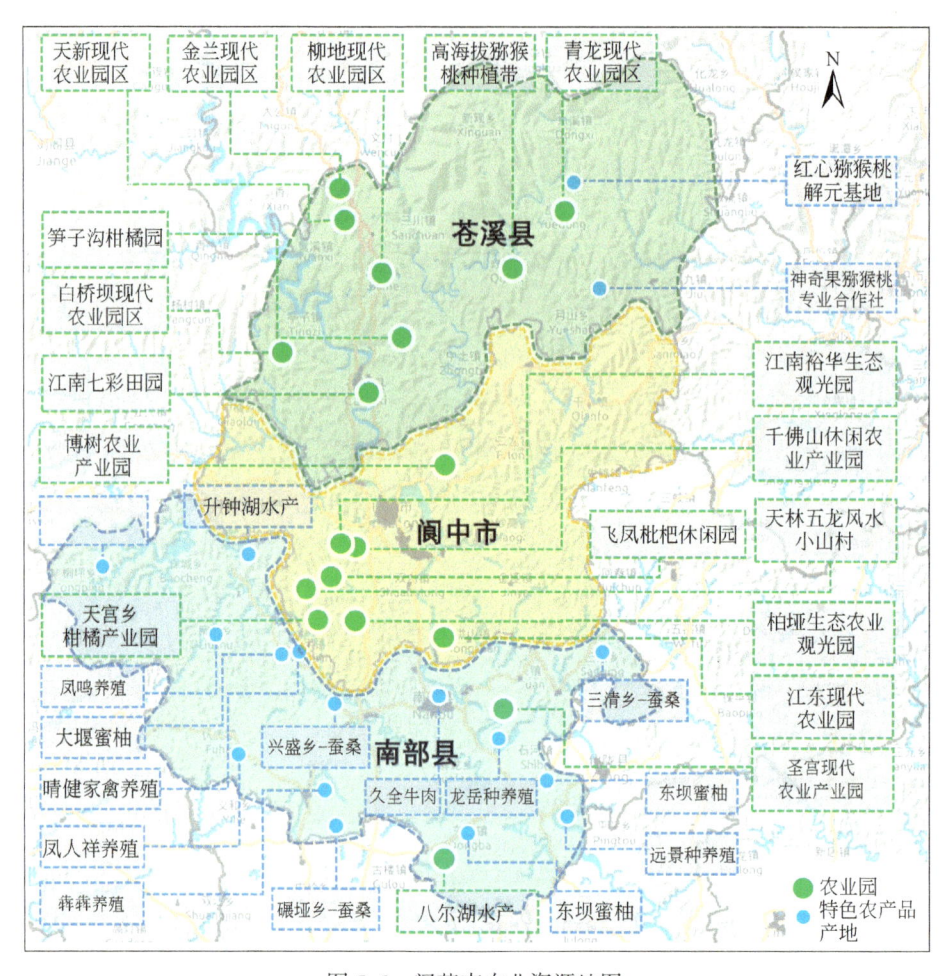

图 5-6　阆苍南农业资源地图

5.5.1　构建"多片区多基地"的农业产业链格局

要充分发挥阆苍南在农产品产业链环节的比较优势，构建"多片区多基地"的农业产业链格局（图 5-7）。"多片区"指具有鲜明地域特色的高品质农产品产区，包括苍溪县红心猕猴桃片区、阆中市江天生态农旅环线所包含的各类农产区、南部县晚熟柑橘片区等，构成阆苍南农业高质量发展的基础。"多基地"指从农产品种养殖到深加工、再到营销、物流等各个环节的生产及流通基地。其中，苍溪凭借其高品质农产品优势，成为本区域最重要的农产品在地加工基地，以"大园区+小庭园"的发展模式，打造苍溪"世界红心猕猴桃之都""中国红心猕猴桃第一县"品牌。阆中则发挥农产品深加工以及旅游食品的优势，打造特色农产品精深加工基地。广泛吸纳区域内高品质食材原料，依托张飞牛肉等重点食品加工企业，完善从养殖到深加工的产业链合作，并推动冷链物流等高附加值物流模式的发展。南部凭借其电子商务和物流方面的优势，积极构建农产品电商物流基地。通过逐步完善冷链物流等服务体系和电子商务现代营销体系，提升整体阆苍南区域农产品的知名度和市场占有率。

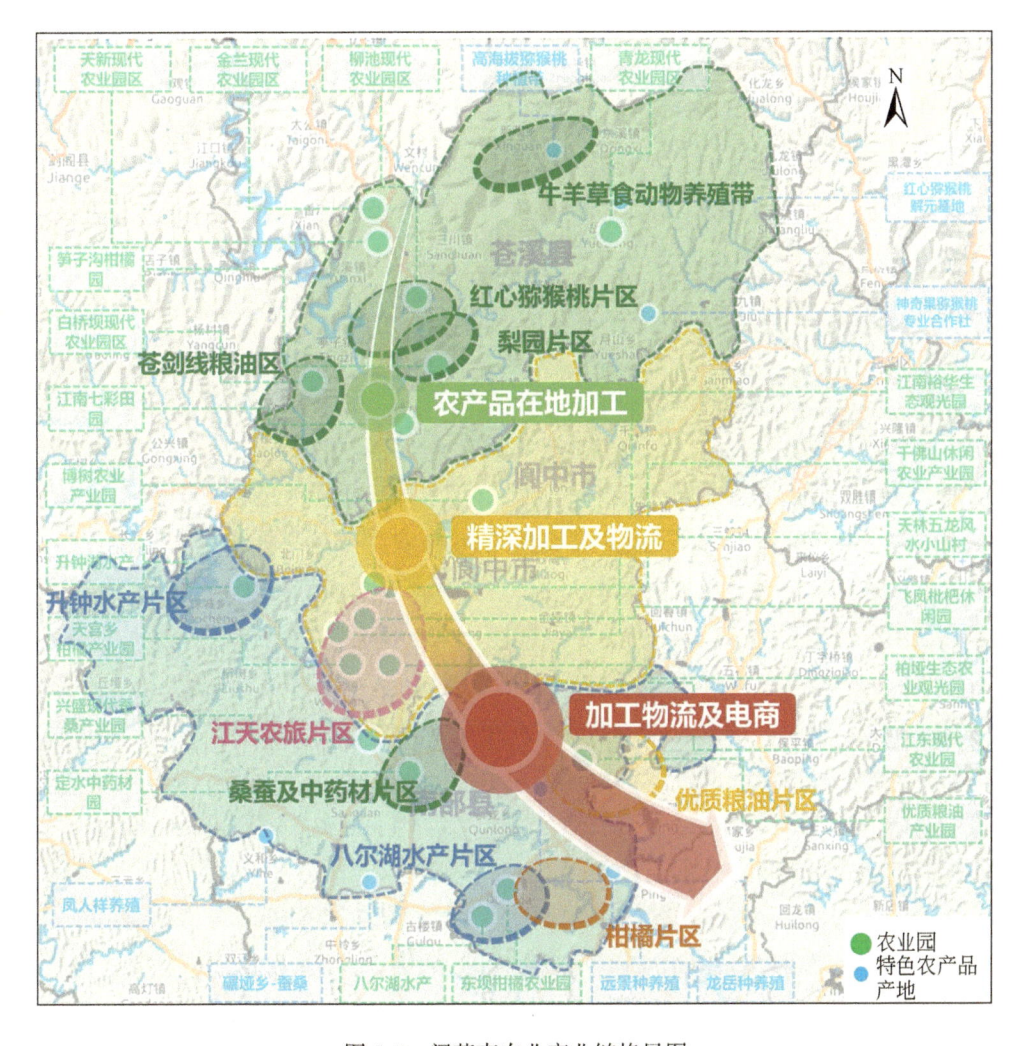

图 5-7 阆苍南农业产业链格局图

应积极推动推动三县（市）在现代种植养殖、食品加工、基地建设、休闲农业与乡村旅游、农产品品牌孵化、共建服务平台等方面开展合作，创建农业现代化示范区。以农业设施化和精准化生产为主，开展新品种的选育、新技术的示范推广，积极探索食品加工、育苗科研、果蔬采摘、观光、物流加工等功能。共同规划建设一批特色优质农产品基地。加快与成渝地区双城经济圈农科院等科研平台共建，加大老旧果园改造、新品种的改良力度。共建营销体系，组织企业互相参加农产品展销会，培育阆苍南农产品牌。

在完善农产品精深加工产业链合作机制方面，应引进一批有实力的全链精深加工龙头企业，提升主要农产品加工率。重点推动猕猴桃精深加工、葛根深加工、川明参保健酒加工、温氏饲料加工、速冻肉制品深加工及魔芋保健食品加工等重点项目建设。统筹推进初加工、精深加工、综合利用加工协调发展，进一步提高农产品原产地初加工率。推进苍溪肉牛养殖基地与阆中张飞牛肉、华珍牛肉等食品企业深度交流合作，促成阆中张飞牛肉与元坝尚绿农牧发展有限公司达成合作、联动发展。

5.5.2 构建农产品商贸物流协同新格局

电子商务在推动农产品行业发展、产品供给、产品营销等方面发挥着重要作用。应加强三地政府之间、政府与企业之间、企业与企业之间的交流和合作，推动共享共用电子商务产业园，各地企业能够平等地享受相互的配套政策及服务。鼓励农特名品上线第三方知名电商，建成阆苍南农副产品直批电商物流博览园，拓展农产品销售渠道，积极开展农产品"六进活动"（进市场、进商超、进展会、进景区、进餐企、进网络）。大力推进"农超对接"和"全企入网"战略，支持建设川东北特色水果批发交易市场、西南地区苗木药材交易集散中心等一系列农产品交易节点。建成配套齐全的电商综合服务中心、电商物流中心、农产品电商博览园、村级电商服务点、培育电商示范企业构成的电子商务体系。借助农村电商网络平台，让苍溪红心猕猴桃、生态有机鱼、晚熟柑橘等阆苍南本地特色农产品走出四川、走向全国。

此外，应重视阆苍南现代冷链物流体系的建设。完善阆苍南现代物流、仓储业发展，为高品质农产品的供应流通提供扎实的保障。重点打造南部县农产品批发交易（电商）市场及冷链物流仓储中心，积极发展农产品初加工，鼓励和支持发展保鲜、储藏、分级、包装等设施建设，降低商品流通成本，平抑市场物价，合理调节商品流向，为广大消费者提供放心、可靠、安全的农产品。统筹农产品产地、集散地、销地批发市场建设，加强农产品物流骨干网络和冷链物流体系建设，提升农产品品质。

5.5.3 推进阆苍南区域品牌培育与营销

"做强做响老品牌，做大做强新品牌"是阆苍南区域品牌培育的方向。应重点围绕阆中张飞牛肉、川明参、"奉禄"大米、苍溪雪梨、红心猕猴桃，南部"不知火"等优势特色产品，融入阆中古城元素、苍溪雪梨之乡等内涵，积极打造中国驰名商标、优质品牌农产品。加强品牌宣传营销，联合参加"惠民全川行""川货全国行""万企出国门"三大活动和农业博览会、农产品交易会、农产品展销会、中国西部国际博览会等国际国内展会活动，通过专卖店、体验店、直销店等营销平台，发展会展经济、展销经济、电商经济等，在全国和全省各地展示宣传推介阆苍南的特色农产品。

近年来，全社会对食品安全的关注程度日益提高，农产品的质量安全保障体系建设不容忽视。应将共同建设区域农产品质量安全监管平台提上日程，强化农产品质量安全监管的区域协作，建立信息互通、形势会商、执法监管和应急处置等协调联动机制。建成国家农产品质量安全示范区和省级有机产品认证示范区，加强农产品质量安全检测能力建设，巩固县级检测站双认证成果，建立乡镇建立检测室、村级主要农产品快速检测室，实现主要农产品质量可追溯。

强化现代农业科技支撑，加强现代农业科技合作，是推进区域农业现代化发展的重要路径。应充分发挥三县（市）专家（院士）工作站、农业专家指导组和农业技术推广体系技术优势，组建农业科技创新联盟，加强高效节本、疫病防控等先进技术研究和应用，加快推进先进适用农业技术推广和成果转化，重点突破动植物疫病防治、农产品精深加工、中低产田改良、低产低效林改造等一批制约现代农业发展的重大科技瓶颈。

第6章　加快基础设施互联互通*

基础设施建设的互联互通是区域一体化的前提。区域一体化发展及其功能的发挥，首先有赖于发达高效的区域综合交通体系的形成与完善。交通运输系统是区域经济一体化的动脉，也是区域产业一体化的前提，是合理配置资源、提高经济运行质量和效益的重要依据。区域经济的加速发展在很大程度上取决于交通系统的支持和服务能力。在阆苍南一体化发展中，应着重发挥交通的先导作用，抓住成渝地区双城经济圈交通体系建设重大机遇，科学规划布局内联外畅的阆苍南一体化综合交通体系，努力跑出阆苍南综合交通基础设施建设的"加速度"。共同推进能源、水利等基础设施相互联通与布局优化，统筹新型信息基础设施建设，创新基础设施"建管养"模式，提升阆苍南基础设施智慧化程度和管理水平。

6.1　构建内联外畅综合交通体系

6.1.1　打造"123"和半小时交通圈

阆苍南与成都、重庆两大国家中心城市连接度不够，区域内缺乏快速路及其他连通道路，路网结构不均衡，断头路、瓶颈路较多，存在运营管理衔接不畅等问题。因此，阆苍南当前亟须强化与成渝地区双城经济圈重要节点城市的联系。一方面，打造"123"小时的对外交通圈，包括依托轨道交通的至成都、重庆的1小时交通圈、依托航空的至上海等城市的2小时交通圈和至北京、广州等城市的3小时交通圈；另一方面，打造阆苍南内部的半小时交通圈，主要组团间实现公交化服务（图6-1）。最终形成内外互联互通、与中心城市高效连通、主要组团和景点快速通达、县（市）域基本覆盖、枢纽衔接顺畅的综合交通体系，进一步提高客运和货运服务供给品质，充分发挥综合交通对三县（市）经济社会发展的服务支撑作用。

---

* 本章作者：秦静。

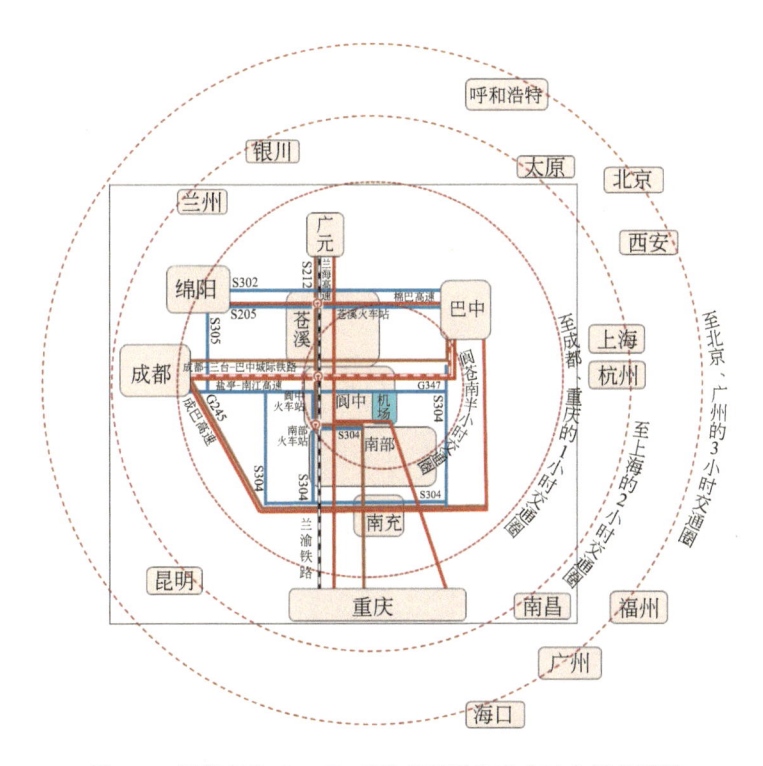

图 6-1　阆苍南的"123"对外交通圈和半小时内部交通圈

6.1.2　融入成渝地区双城经济圈网络

在区域交通体系中，阆苍南占据着两大优势：一是依托兰海高速和兰渝铁路，处于成渝至西北的大通道上。兰渝铁路是西部陆海新通道建设的重要交通运输项目之一，北接丝绸之路经济带，南连21世纪海上丝绸之路，协同衔接长江经济带，具有重要战略地位；二是阆苍南地处长江支流中流域面积最大的河流——嘉陵江航道的中上游。虽然由于种种原因，嘉陵江的航运优势一直没有得到足够的重视。但是，近年来随着国家全面推进长江经济带绿色发展，川渝两地通过航电枢纽综合利用和调控，正在积极推动嘉陵江航运设施和能效的提升。阆苍南应充分发挥在区域南北向通道中的优势，积极争取东西向、与成都之间通道的规划与建设，以发达的铁路网、高速公路网和水运网络支撑"四向拓展、融入成渝"，形成"3轨6高1航"的对外交通网络布局（图6-2）。

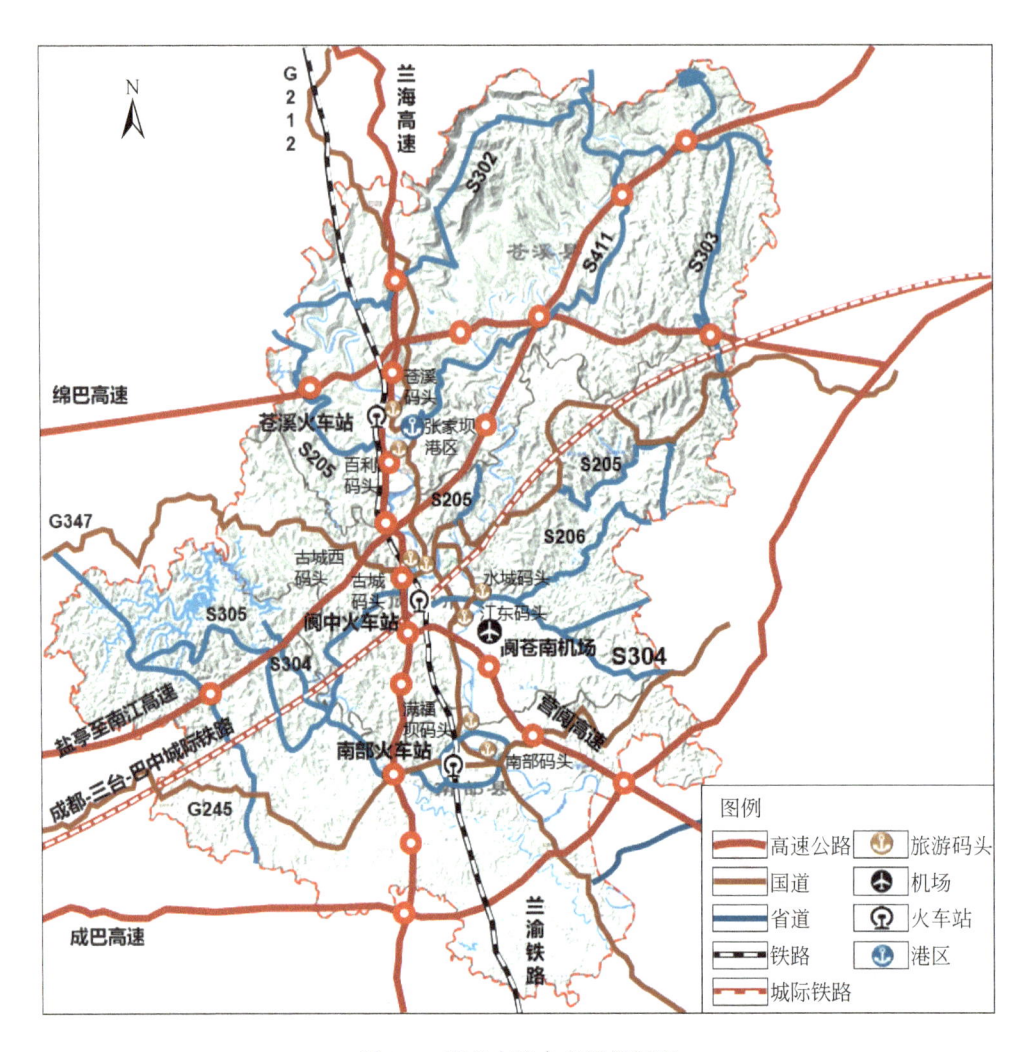

图6-2 阆苍南综合交通规划图

一是构建阆苍南区域"一纵一横"铁路骨架[图6-3（a）]。积极争取成都经三台至巴中城际铁路在阆苍南区域过境设站，预控线路资源，填补区域高速铁路空白，融入成都1小时交通圈；积极协调增加兰渝铁路经停车次，开设重庆至阆苍南常态化公交化列车，联合上下游城市共同争取兰渝铁路改造提速，争取兰渝高铁、成安高铁过境阆苍南，主动融入重庆交通圈；将阆苍南打造成为成都、重庆的"郊区"和休闲"后花园"。加强与成南达万高铁之间的衔接，待成南达万高铁开通后依托兰渝铁路有序开设南充北站至阆苍南三县（市）的铁路公交化运营线路,加强与京津冀、长三角之间的高铁联系,融入全国高铁主干网络,进一步扩大阆苍南对外联系的广度。

二是完善阆苍南区域"两纵三横"高速路系统[图6-3(b)]。加快建设以三县(市)城区为核心,重点连通成都、重庆以及绵阳、南充、广元、巴中、达州等对外出行方向的高速公路网络,有效支撑阆苍南与周边特别是成渝双城之间的互联互通。在已建成广南高速、成巴高速基础上,加快推进阆中到营山、绵

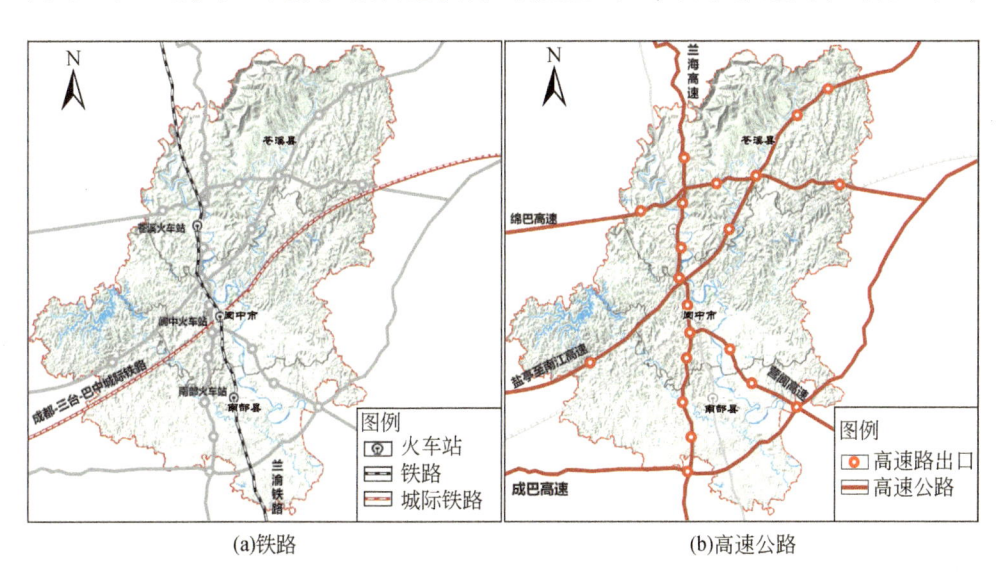

(a)铁路

(b)高速公路

(c)码头

图6-3 阆苍南铁路、高速公路和港口、码头体系

阳经苍溪至巴中高速公路建设，积极开展南江至盐亭高速公路前期工作。预留青剑高速南延道至阆中，串联青川、剑门关和阆中等核心旅游资源，促进区域旅游联动发展。争取将绵阳至南部高速公路、广元朝天经苍溪至南充蓬安高速公路纳入省高速公路网规划。加快 G75 兰海高速苍溪南（百利片区）等互通及连接线项目。

三是打造嘉陵江多功能性通道［图 6-3（c）］。加快推进苍溪—阆中—南部段航运配套工程，着力打造广元港苍溪港区，争取推动嘉陵江航道进一步升级为三级航道，打造嘉陵江水上高速公路。协同推动重庆利泽航运枢纽工程建设，破解嘉陵江水运"出川"瓶颈。推动三县（市）码头协同合作发展，完善水上旅游配套设施，打造阆苍南至重庆的水上精品旅游线路。

6.1.3 打造互联互通的区域路网系统

在阆苍南内部交通体系建设中，一方面应加强以国省干道和区域快速路为主的一体化交通网络建设，尤其是率先推动区域快速路的规划与建设；另一方面应着力贯通"断裂点"，如毗邻交界地区的断头路、重点区域之间的跨江地带等（图 6-4）。

持续提升国省干线公路技术等级。提升区域内"一纵两横"G212、G245、G347 的快速通行能力，加快 S205、S206、S208、S304、S305、S411、S302、S303 的升级改造工作，提升国省干线公路的服务能力。

打造示范性阆苍南区域快速路。以提高内部交通的可达性、可靠性、快捷性为目标，着力打造嘉陵江沿江快速通道，分期打造区域快速路。近期打造联系南部城区、阆中机场、七里片区、阆中老城区和苍溪城区的快速路，远期新建至百利片区的快速路，形成阆苍南主要组团"半小时交通圈"的重要通道，支撑阆苍南空间拓展和全域发展，推动形成完善的一体化快速交通网络。

通过打通断头路促进交界地带融合发展。对阆苍南边界公路进行衔接优化，重点加快跨界省道升级改造工程，提档升级 S205 苍溪县至云峰至阆中文成段，贯通 S305 升钟至思依段公路。

加快完善跨江桥梁建设。通过加密嘉陵江桥梁，加强嘉陵江两侧交通联系。加快建成嘉陵江百利大桥、肖家坝大桥，规划建设苍阆一体化涧溪口大桥、解放坝大桥、回水大桥、阆中沙溪嘉陵江大桥、阆中杨家坝大桥，南部嘉陵江三桥、四桥、五桥，重点加强百利片区、江东片区、满福坝片区与嘉陵江对岸的联系。

第 6 章 加快基础设施互联互通

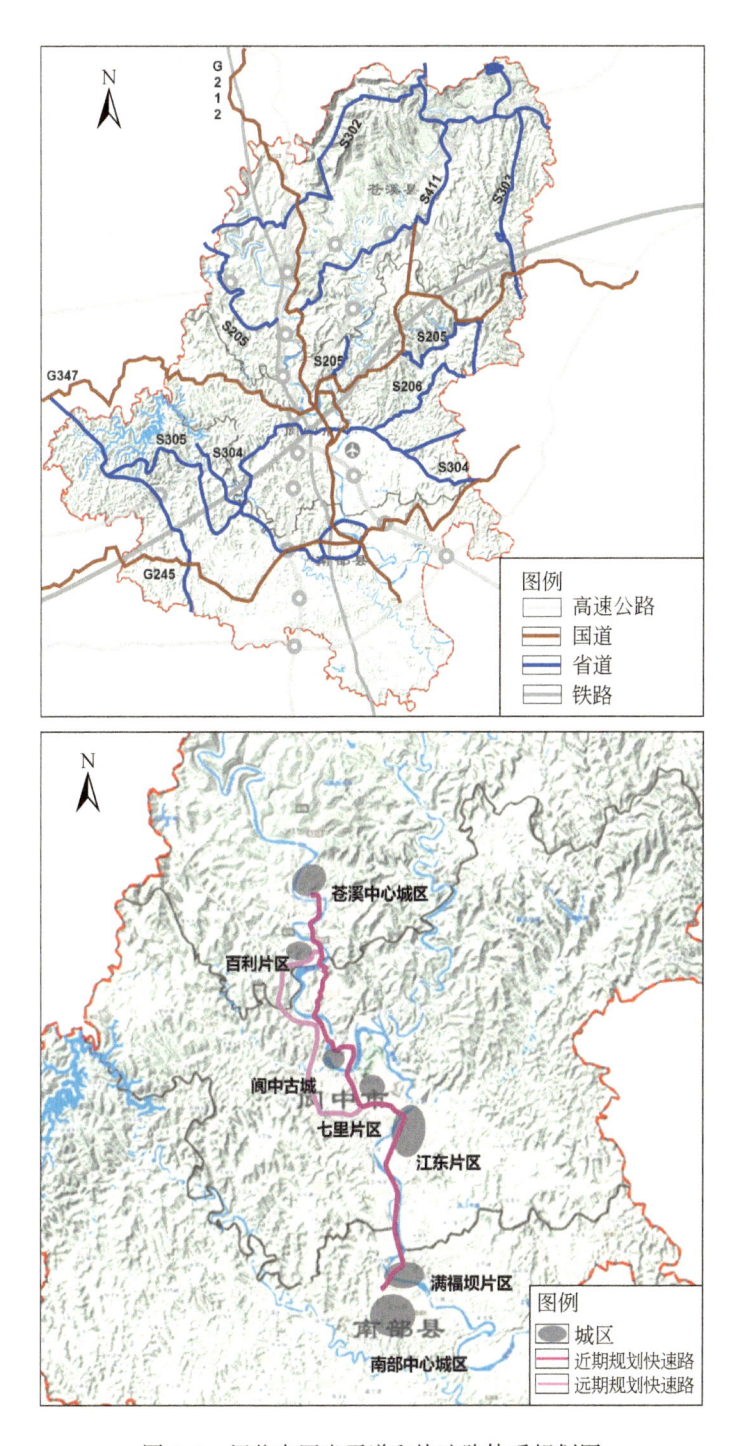

图 6-4 阆苍南国省干道和快速路体系规划图

6.1.4 构建特色鲜明的旅游交通体系

阆苍南区域交通一体化建设应突出旅游特色交通体系建设。鼓励在现有道路基础上进行提升，完善旅游相关的路面设计、沿线设施配套等。一方面，以沿嘉陵江线路为核心联系南北三地，展示沿江风貌，串联沿江主要景区景点；另一方面，向外延伸旅游公路，串联散落在乡村地区的景区景点，促进城乡融合。

打造"一带两环"的旅游公路体系（图6-5）。"一带"是指部分依托原有公

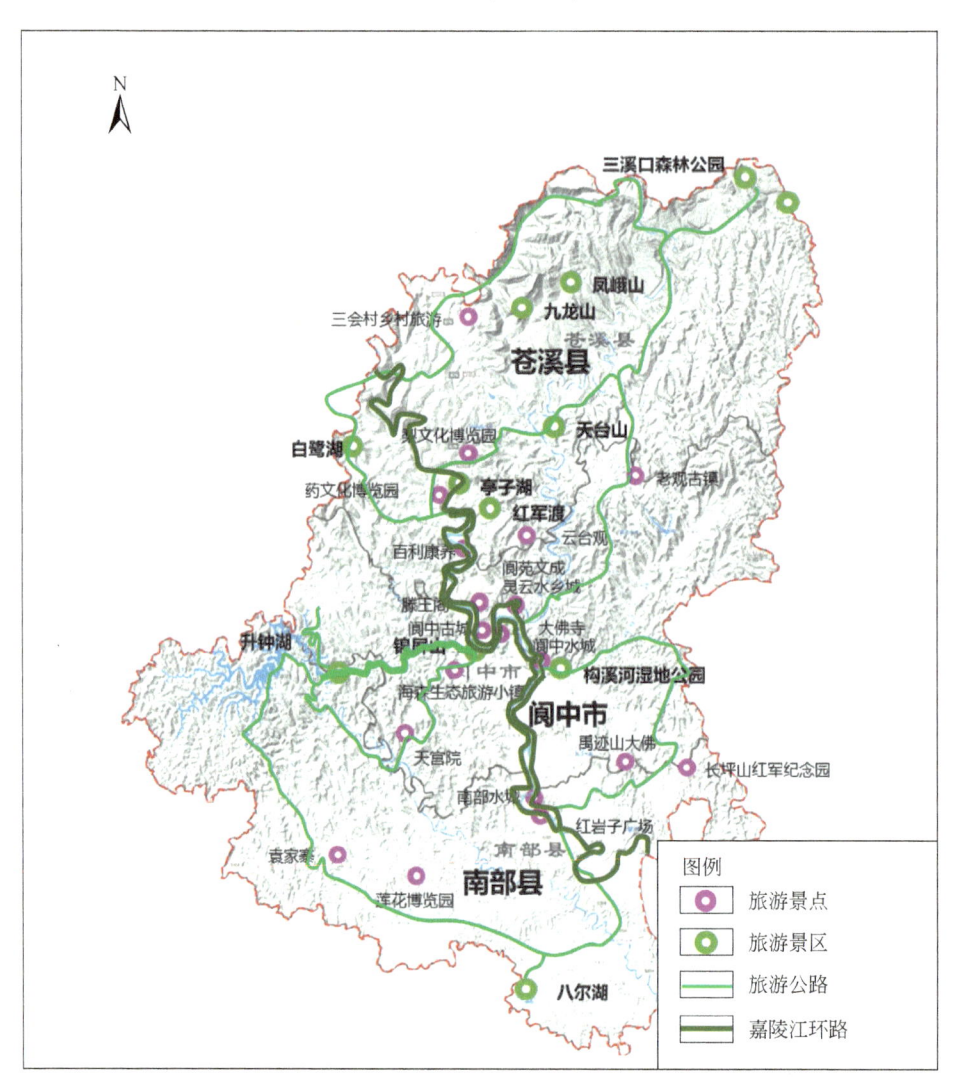

图6-5 阆苍南旅游公路体系规划图

路，沿嘉陵江两岸建设连接苍溪、阆中、南部三城的旅游公路（含骑游道），长度约 150 千米，串联三县（市）核心旅游资源。"两环"是指南北两大旅游公路环线。南环线依托 S206、S304、G245 以及部分县乡道，串接起升钟湖、八尔湖、长坪山红军纪念馆等旅游资源。北环线依托 S205、S302、S411 以及部分县乡道，串联起三溪口森林公园、三会村、云台山、老观古镇、梨文化博览园、红军渡等旅游资源。近期，着重加强"一带"和"两环"中的阆中古城到升钟湖段、苍溪城区至梨文化博览园段的旅游公路及配套设施建设。

旅游公路的规划设计注重人性化，兼顾观赏性和经济性，因地制宜、随弯就弯，不破坏现有建筑和景观肌理。按照"全天候、多时段、工作日、节假日全维化"的思路，对接国际马拉松赛道和国际自行车赛道标准，沿着嘉陵江旅游公路打造绿道、游步道、运动健身活动场所、文化小品等休闲设施，在重要节点植入音乐草坪、市民驿站、无人超市、智慧书屋等产业及公共服务设施，建立生态、创意、游憩等绿色开敞空间，打造连续、健康、充满活力的开放式活动场景。

6.1.5 推进交通枢纽一体化协同发展

协同布局阆苍南客运交通枢纽，大力提升区域客运便捷化水平。以阆苍南机场与江东码头为主体，打造以旅游服务为核心功能的水陆空三位一体复合型区域综合客运枢纽。着重加强旅游集散服务功能，推进多种运输方式统一设计、同步建设、协同管理。按照客运零距离换乘要求，推动中转换乘信息互联共享和交通导向标识连续、一致、明晰，优化换乘流程，缩短换乘距离。依托阆苍南机场，进一步推动阆中古城及阆苍南旅游业整体发展，将旅游市场扩展到陕西、甘肃，更远的京津冀、长三角、粤港澳、东北地区以及东南亚、韩国等境外地区。与南充高坪机场等周边机场错位发展，以旅游、商务为主，承接国内旅游包机业务，同时承担部分航空公司、飞行学院的训练业务。发展通航产业，引进通航企业投资建设通用机场。建立以阆中、苍溪、南部城区和百利片区、满福坝片区、阆中"水城"为主的水上旅游码头体系，加强旅游码头建设、养护以及停车场、观景台和旅游商业经营等配套设施的建设，推动旅游发展与时俱进，加强与其他交通方式之间的接驳。提升三县（市）的兰渝铁路站点和公路客运站的公铁联运能力，加强与阆苍南机场综合枢纽之间的快速通道、常规化公交线路建设。

协同优化阆苍南货运交通枢纽布局，大力提升货运物流畅达化水平。按照货运无缝化衔接要求，统筹货运枢纽与产业园、物流园等的空间布局，打造阆苍南地区多层次、多元化、功能互补的物流园区体系，大力提高货物换装的便捷性、兼容性和安全性。促进货运枢纽站场集约化发展。提高铁路货运配套水平。依托沿兰渝铁路开行的渝新欧国际铁路联运班列、国际陆海贸易新通道班列北上南下，带动阆苍南沿线特色产品如土特产、蔬菜"走出去"，走出西部、走向全国乃至世界；把东南亚的热带水果、冰鲜产品等货物"引进来"。提升嘉陵江港区联运水平。推动嘉陵江全线复航，重点培育广元港苍溪港区，加快广元港苍溪港区进港公路和进港铁路建设，完善铁路-公路-水路联运，主要为腹地内工业园区的原材料、产品运输，城市发展所需的散杂货运输和乡镇物资进出及旅游运输服务。同时，为川北、陇南、陕南等地区的大宗货物、集装箱提供运输中转服务。

6.2 健全跨区域的能源水利体系

6.2.1 完善区域能源基础设施

以绿色低碳、节能高效、智能先进为原则，优化能源消费结构。大幅提高清洁能源比重，构建以电力、天然气为主，太阳能、地热能及生物质能等为辅的绿色低碳能源供应体系。建设多个分布式能源耦合系统互供体系，全面推广冷热电三联供、分布式光伏等常规能源系统与分布式能源的智能耦合发展，提升绿色能源智能利用水平。提升天然气集中供应能力，促进中石化元坝净化厂提产扩能，成为四川"气大庆"重要的生产供应基地。完善燃气储气设施和燃气管网，由天然气上游供气企业集中新建设施，满足当地的储气调峰需求。推进城区老化管网改造工作，完善乡镇次高压管道输气功能。推动新型能源开发利用，实现加油站、加气站、公共停车场、高速公路服务站等新能源充电桩全覆盖。加快天然气发电、风力发电、光伏发电、生物质发电等重点能源项目前期工作，继续推进垃圾焚烧发电项目。大力推广使用新能源，置换新能源汽车、工业用新能源装卸机械、农用新能源非移动机械。以建设大中型沼气工程、新村集中供气工程、新能源利用和沼气设施后续管护长效机制为重点，着力加强农村能源综合利用。推动工业园区集中供应热能，改变当前区域内各企业各自为阵、自行解决热能问题的现状，发展集中供热以有效降低企业成本。

深化能源产品要素市场化配置改革。有序放开竞争性环节电价，深化输配电价改革。开展增量配电业务改革、电力现货交易等试点。积极消纳清洁能源，实施丰水期居民生活电能替代等电价政策。建立健全天然气弹性价格机制和上下游价格传导机制。

6.2.2 完善区域水利和供水体系

完善现代水利基础设施体系（图6-6）。加快推进亭子口灌区一期工程和升钟水库灌区建设与现代化改造，加强罐子坝水库及灌区建设与现代化改造、嘉陵江堤防建设中小河流治理和病险水库除险加固、抗旱水源工程建设和山洪灾害防治。加强水利风景名胜区域性规划和建设，拓展人、财吸纳能力。加强防汛薄弱环节建设，紧抓水利工程安全度汛、山洪地质灾害防范和河道防洪安全工作。

一是探索构建弹性的防洪基础设施体系。借鉴国内外韧性城市经验，以景观整合方式实现弹性的防洪设施以及防灾基础设施的建设，完善受保护和经过强化的系统多功能生态系统，作为天然渠道和缓冲区；建设公园和开放空间以保证水流的安全穿行，并储存过剩的、可供未来使用的雨水；建立健全绿色基础设施系统（包括用于交通网络、净化吸收洪涝的设施）更加有效地管理水资源；完善水文站网与防汛非工程措施，加快信息化、自动化、智能化建设，提升监测预警和防洪调度能力，推进智慧水利建设。

二是突出重点区域精准预灾。对于山洪灾害多发区，坚持群测群防，加强预警预报，加强巡查监测，确保灾害征兆出现时风险的规避和第一时间转移；完善沿江城镇应急预案，全面清理、调查、整改，消除隐患，确保重大险情第一时间组织抢险；建立城市内涝点隐患清单，划定警戒区，提前检查疏通。如遇连续暴雨，第一时间做好防洪排涝工作。对于干旱缺水地区，科学有序地配置水资源，争取抗旱主动权。

三是突出重点部位精准防灾。对涉水工程，坚持"兴利服从防洪"的原则，落实防洪方案，坚决避免给在建水利工程造成重大损失；坚持水库电站"一库一方案"，加强专项检查、巡视值班和安全监督，重点抓好危库除险加固工作；坚持江河、河道"畅通泄洪优先"，依法查处侵占河道、违章建筑、乱采砂石等行为，确保防洪安全。建立源头减排、雨水蓄排、内涝除险的排涝防涝体系。四是突出智慧水利信息化管理，建立联防联控机制，实现互联互通，互相监测，资源共享平台。

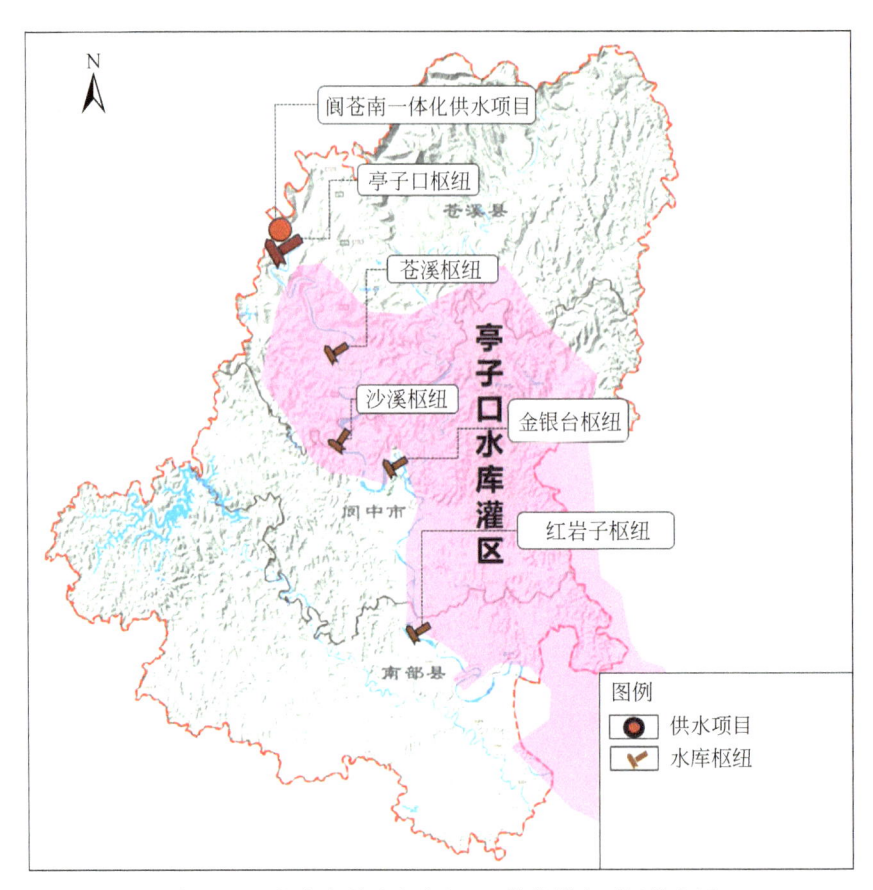

图 6-6　阆苍南水利基础设施和一体化供水项目分布图

> **专栏 6-1　浙江浦阳江——弹性的防洪规划设计**
>
> 　　浦阳河发源于浦江，全长 150 千米，经诸暨、萧山汇入钱塘江。浦阳河是浦江中心城区的母亲河，流经全市的长度约为 17 千米，总面积为 196 公顷，宽度为 20～130 米。
> 　　设计采用海绵城市的理念，通过添加一系列不同级别的滞留湿地来缓解洪水压力。据统计，已建成的滞留湿地蓄水量增加约 290 万立方米，根据 50 厘米淹没设计计算，不仅可增加蓄洪量约 150 万立方米，大大降低河道及周

边场地的洪水压力，而且可以在旱季补充地下水，作为植被灌溉和景观环境用水。

原硬化河岸已进行生态改造，改造后河岸长度超过3400米。首先，对硬化的路堤表面进行破碎，并种植深根树木和地面覆盖物。现场采用废弃混凝土砌块作为抛石护坡，实现材料的再利用。上游表面的平台和栈桥由防水和耐腐蚀材料制成，包括彩色透水混凝土和一些石头。滨水栈道采用高架结构设计，尽量减少对河流泄洪功能的阻碍，满足两栖动物的栖息和自由迁徙。

建设区域一体化供水项目（图6-6）。加强"从源头到龙头"的全流程公共供水保障，推进城乡供水一体化和人口分散区域重点小型标准化供水设施建设，规范饮用水水源地建设。在苍溪县亭子口库区共同建设日供水50万立方米的备用取水口，逐步推进建设三县（市）120千米输水管，实现三县（市）清洁水资源共享、供水设施共建，为嘉陵江旅游开发提供环境容量和空间。

6.3 协同打造智慧阆苍南体系

6.3.1 提升基础设施信息化水平

加强信息基础设施建设。进一步提高信息网络覆盖水平，加快建设5G、光纤超宽带和第六代无线通信网络，推进跨行业共建共享、互联互通。加快5G网络规模部署和商业应用，推进车站、社区、商场等重点区域5G基站和配套网络建设，持续优化基础薄弱地区4G网络覆盖，打造5G建设先锋样板城区。进一步拓展WiFi网络覆盖范围，实现在市政、民航、铁路、文化、港口等公共场所和商业场所的全覆盖，打造"无线阆苍南"。构建窄带物联网和5G协同发展的移动物联网综合生态系统，加强智能仓储、多功能路灯杆等新型物联网集成载体建设。实施产业功能区物联网全覆盖工程，推动智慧园区建设。

推进中心城区基础设施智慧化改造。加快交通、水、电、热等市政领域数字终端和系统的改造和建设。推进骨干网、城域网扩容，推进千兆、百兆家庭宽带接入普及。推动物联网传感设施在工业、交通和物流等关键领域的部署。

探索建设无人机和机器人运行所需的配套设施。协调部署医疗废物处理智能设施。

6.3.2 建设智慧型统筹管理平台

打造阆苍南区域"旅游大脑"。在文化旅游领域开展"5G+"融合应用示范。在已有阆中古城旅游应用程序的基础上打造阆苍南全域旅游应用程序，实现旅游大数据的流通共享，通过透明、充分的信息获取，广泛、安全的信息传递和有效、科学的信息利用，完善智慧旅游应用体系。在阆中古城建设"旅游大脑系统建设先行区"，以转场接驳、景区入园、酒店入住、停车场停车等游客排队最多的场景为突破口，通过"云物大智"[①] 等技术，实现自助入住、快速转场、便捷入园、口碑监测、先停车后付费等功能，打造"让游客多游一小时"的阆苍南样板，进一步提升来阆苍南旅游的游客体验度。通过互联网及时发布旅游安全预警提示、及时发布和撤销面向旅游者的安全提示，给予游客更为及时的引导；通过互联网加强旅游安全监管和旅游应急管理，强化与公安、安监、交通、卫生健康等部门的信息共享和协同救援机制，加快推进旅游保险保障体系建设。

建立基础设施信息共享和协同管理平台。从顶层设计入手，推动阆苍南多网一体，基础先行。建议由省政府牵头，协商三方共同建立规划信息共享和协同管理平台，打造阆苍南智慧设施一体化系统。将阆中智慧水务一体化系统、城市水务物联网和城市污水处理综合运营管理平台推广至苍溪和南部。

在出行等领域开展共享经济试点示范。加强小微公交租赁营业网点与不同交通方式的换乘衔接，推动机场、火车站、港口等交通枢纽小微租车服务和租赁停车设施建设，在代表性旅游景点发展汽车分时租赁和互联网租赁自行车，满足游客短距离出行需要。加大一体化区域新能源汽车和节能环保汽车在交通运输行业的推广应用，积极引导新能源汽车用于出租汽车和小微型客车共享租赁等服务。在阆苍南优先开展汽车排放检测与强制维护制度（I/M 制度）试点示范。

---

① "云物大智"是一个比较新的概念，主要代表未来科技应用的四大领域：云计算、物联网、大数据和人工智能。

6.4 创新基础设施管理模式

6.4.1 推动交通运营管理一体化

共同争取交通财政支持和金融保障。贯彻落实《中共中央国务院关于新时代推进西部大开发形成新格局的指导意见》，基于阆苍南作为西部财力较为薄弱地区的实际，加大地方政府债券对交通基础设施建设的支持力度，将中央财政一般性转移支付收入纳入地方政府财政承受能力计算范畴。贯彻中国证监会和国家发改委《关于推进基础设施领域不动产投资信托基金（REITs）试点相关工作的通知》精神，积极推进三县（市）交通基础设施 REITS，盘活存量资产、促进储蓄投资转化和完善多层次资本市场。统筹利用地方政府专项债券、防疫专项国债、企业债券、银行贷款、社会资本、车辆购置税资金等多种资金渠道。积极推动交通部门向中心城区公路客运站申请车辆购置税补贴，精准补充客运站设施的不足。切实加强公共停车场和公路客运站的前期工作，完善项目库，支持符合条件的项目申请地方政府债券和专项防疫债券。加大金融支持力度，鼓励中心城区公共停车场、公路客运站使用公司债券，鼓励开发性金融机构支持创新金融产品和融资模式。鼓励社会资本参与公共停车场、汽车客站建设、运营管理和商业开发，鼓励社会资本开发出行和停车平台等。

实施绿色导向的交通需求和停车管理。以旅游业发展为重点，制定不同区域差异化交通需求管理政策，完善不同区域拥有和使用汽车的管理策略，引导汽车的合理使用。控制道路停车位供应，加大对违章停车的处罚力度，营造有序的停车环境。在满足出行和停车需求的基础上，推进主要公共建筑停车场、综合客运枢纽停车场、路边停车设施、政府主导的停车信息平台等建设；鼓励立体停车场和机械停车场建设，在适当的区域推进"P+R"① 停车场建设。

加大交通设施土地要素保障。落实土地要素市场化改革要求，在国土空间规划中，预留一定比例指标用于停车设施、公路客运站、乡镇服务站建设。结合中心城区实际发展和未来规划，鼓励利用地上、地下空间开发公共停车场和汽车客运站，促进土地混合利用，提高土地节约集约利用水平。

---

① P 指停车，R 指换乘。

协同推进交通运营管理。加快推动城际公交建设项目，共建信息平台，开通公交化运营。完善区域一体化交通建设、运营和管理政策，推进交通信息化、标准化建设。创新跨区域交通建设的组织模式，建立公交运营补贴分担等运营机制，建立区域交通执法联动机制。

6.4.2 探索基础设施建管养新模式

创新建设模式，探索一体化的基础设施建设平台。探索成立跨区域的基础设施建设平台公司，按比例共同出资，对阆苍南重大基础设施建设项目进行融资和统筹建设，从根本上解决好基础设施建设三方利益协调，提高建设效率。先行推动交通一体化，进一步推进区域水网、电网、燃气网、光网络等多网络一体化建设，形成区域总体布局合理、功能完善、连接紧密、保障有力的现代基础设施网络体系。

引进多元主体，探索"管养分离"的运营模式。充分发挥政府的引导作用、市场的主导作用和企业的主体作用，探索基础设施运管新模式，提升基础设施运营管理效率，降低运营管理成本。重点解决阆苍南在城镇市政基础设施运营管理中效率不高、融资困难等问题，全面放开市政基础设施运营市场，明确运营管理责任。开展城镇生活垃圾处理、市政道路破损维护、路灯节能改造和窨井盖维护等领域试点，促进城镇市政基础设施良好和高效运行。重点针对存量基础设施项目，通过委托经营、股权转让、融资租赁、资金引导、整合重组、技术资源合作、物流社会化等方式，重点建设存量基础设施项目，加大专业化运营力度，扩大产业化经营规模。

第 7 章　强化生态环境共保联治*

阆苍南山水相连、河湖相通，做好生态环境共保联治工作十分重要。在建设绿色宜居美丽阆苍南的过程中，要坚定贯彻"绿水青山就是金山银山"理念，坚持"在开发中保护、在保护中开发"，按照全国主体功能区建设要求，保障好嘉陵江中上游生态安全，通过打破行政藩篱，创新环境协同治理等方式，显著提升生态环境共保联治能力，推动区域环境质量持续向好。三地应携手共治，进一步夯实区域绿色发展生态本底，加大水土保持、天然林保护、退耕还林还草、重点防护林体系建设等重点生态工程实施力度，稳步推进自然保护地体系建设和湿地保护修复。通过加强城乡环境综合整治，打赢"蓝天保卫战""碧水保卫战""净土保卫战"，推动阆苍南区域环境卫生设施提级扩能，建立健全生态环境保护长效机制，更好展现大美嘉陵江流域新面貌。

7.1　加强区域生态保护修复

7.1.1　共建嘉陵江国家生态文明建设示范区

夯实阆苍南绿色发展生态本底，为革命老区生态文明建设提供样板示范，要坚持嘉陵江流域生态保护与修复并重，建立完善区域自然保护地体系，积极推进国家生态文明建设示范区（市、县）建设和国家"绿水青山就是金山银山"实践创新基地建设。通过不断强化生态安全、发展生态经济、弘扬生态文化、健全生态制度，进一步明确生态保护的目标，共同打造生态宜居的现代化园林城市，形成阆苍南生态文明建设的长效机制和品牌效应。

生态安全格局优化是实现生态安全的重要基础，阆苍南要以江为脉，以河串联，共建"一江四河、三片多点"的生态安全格局（图 7-1）。加强三县（市）之间的生态保护联动，系统推进山水林田湖草生态保护与修复，共同构筑一体化

---

* 本章作者：秦静、文雯。

发展的生态保护屏障。推动有度有序利用自然，通过打造高能级生态"廊道""绿心"，进一步提升区域生态系统发展水平和服务质量。

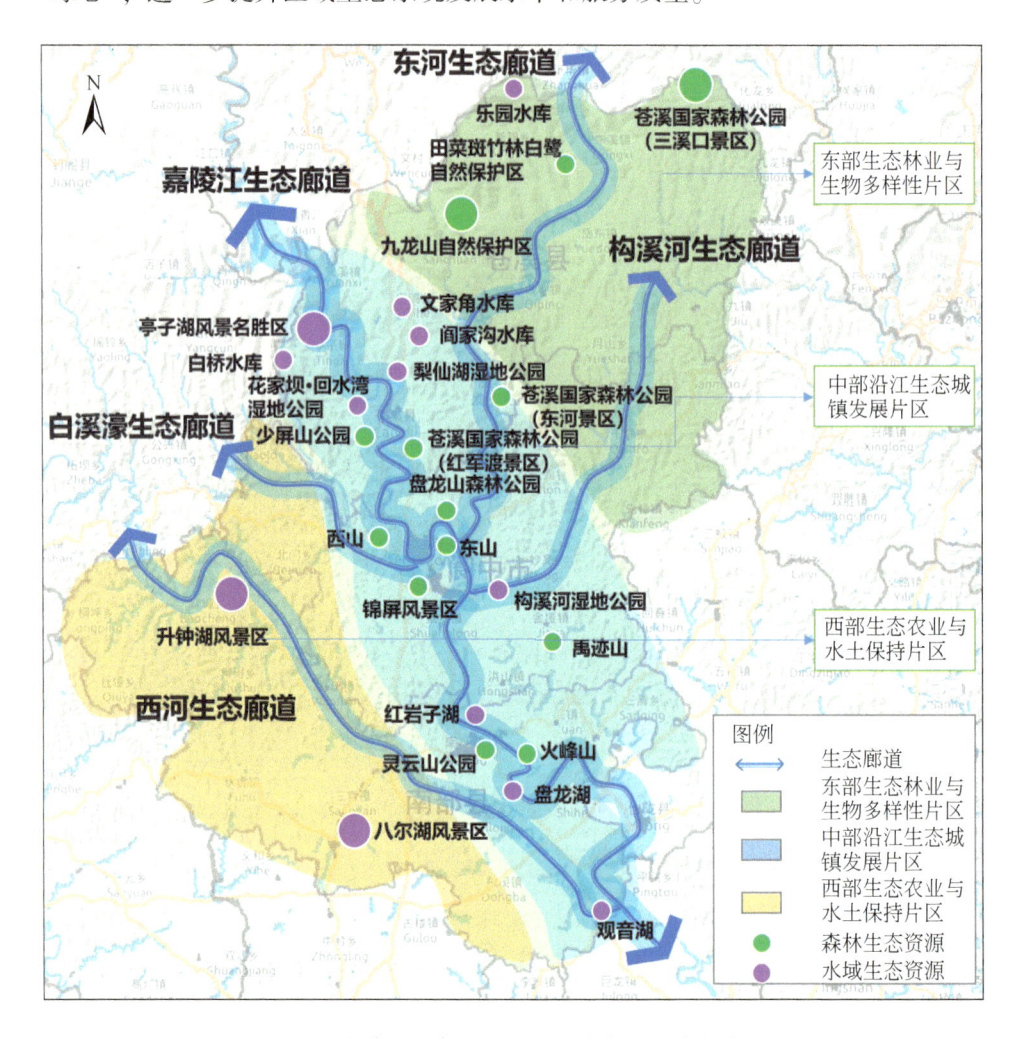

图 7-1　阆苍南"一江四河、三片多点"生态安全格局

其中，"一江"指嘉陵江生态廊道。作为长江水系的重要支流，嘉陵江生态廊道的构建对阆苍南主动融入和服务长江经济带发展战略，促进绿色发展，保障生态安全意义重大。统筹推进嘉陵江水资源整体保护、系统修复、综合治理，共同推进嘉陵江绿色生态走廊建设，一方面要加强沿江裸露岩石、破损山体创面等生态脆弱地的生态修复，受损湿地的保护恢复和岸线生态的整治修复；另一方面要积极开展沿江两岸荒山、滩涂地、非基本农田坡耕地、采砂石场等宜林地植树

造林，着力实施沿江护岸林建设、森林植被修复、森林质量精准提升、滨河景观带建设、农田林网建设、道路绿化建设、绿色家园建设等重点项目。

"四河"指东河、西河、构溪河、白溪濠生态廊道。"四河"是阆苍南重要支流，加强嘉陵江重要支流的保护和建设，要着力实施水污染防治计划和水生态功能区建设计划，按照"构建科学合理的自然岸线格局"要求，开展集中连片和重点流域、湖库水环境综合整治，全面保护好水资源、水生态和水景色，完善区域生态水资源安全格局。大力实施立体式、多层次、"一段一景"的水流域生态屏障建设，构建水系与绿地相依的绿色网络空间，以河流串联升钟湖、八尔湖、红岩子湖、构溪河等湿地公园，进一步提升青山绿水、湖光山色的自然风景品质。

"三片"指中部沿江生态城镇发展片区、西部生态农业与水土保持片区、东部生态林业与生物多样性片区。推动中部沿江生态城镇发展片区建设，可以通过拥江组团发展，共同推动沿嘉陵江流域山水田园城镇建设；实施城市提质工程，优化城市布局，推进城市更新，精细化管理城市，建设宜人中心城区；实施特色场镇建设行动，推动城乡融合，将沿岸中心场镇建成宜居宜业的特色场镇；加强古村落、古民居等保护利用，建设一批自然山水与乡村风貌融为一体、富有阆苍南特色的美丽乡村样板。推动西部生态农业与水土保持片区建设，要加强西部水土流失治理，合理运用退耕还林还草、推广坡改梯等综合措施，降低坡耕地的水土流失强度；积极发展生态农业，围绕优化农业产品产业结构、农业提质增效、绿色生产方式、补齐农业短板、农业新产业新业态等方向，多渠道多层面积极发展高效生态农业，实现农业转型升级和农产品有效精准供给。推动东部生态林业与生物多样性片区建设，要加快建设东部自然保护区和国家森林公园，有效保护重点野生动植物，维护生物多样性；积极发展生态林业，提升森林景观效果，壮大培育林业产业，促进绿色经济发展。

"多点"指九龙山自然保护区、锦屏风景区、升钟湖风景区、八尔湖风景区、构溪河国家湿地公园、盘龙山森林公园等重要生态节点。区域生态格局的构建要注重重要节点打造，不断丰富生态节点的生态产品种类，适度开发公众休闲、旅游观光、生态康养服务等产品，提升生态公共服务供给能力。

强化分类分级生态管控，严守生态保护红线、环境质量底线、资源利用上线和生态环境准入清单，建立并严格落实以"三线一单"为核心的生态环境分区管控体系，划定优先保护、重点管控和一般管控三类环境管控单元。由生态保护红线、饮用水水源保护区、国家公园、湿地公园、自然保护区等组成的优先保护单元以生态环境保护为主，主要包括升钟湖风景区、锦屏风景区、九龙山自然保护区等。优先保护单元范围内依法禁止或限制大规模、高强度的工业和城镇建设，在功能受损的优先保护单元优先开展生态保护修复活动，恢复生态系统服务功能。重点管控单元指涉及水、大气、土壤、自然资源等资源环境要素重点管控的区域，主要包括人口密集的城镇规划区和产业集聚的工业园区（工业集聚区）等。重点管控单元以环境污染治理和风险防范为主，促进产业转型升级，加强污染排放控制和环境风险防控，不断提升资源利用效率。一般管控单元指除优先保护单元和重点管控单元之外的其他区域，此类区域以生态环境保护与适度开发相结合，开发建设中应落实生态环境保护基本要求。

7.1.2 重点加强流域生态共同治理

建立嘉陵江流域整体性、精细化协同管理机制，共建嘉陵江流域生态保护带。以统一规划、统一标准、统一检测、协同治污、联动执法、信息共享等为突破口，共同改善阆苍南区域生态环境质量。响应南充市《嘉陵江流域（南充段）综合保护开发规划》相关要求，倡导签署跨区域《嘉陵江流域保护公约》，制定嘉陵江流域自然资源资产负债表，摸清三县（市）自然资源资产"家底"。综合谋划国土空间开发与保护格局，划定生态保护红线并实施严格的空间管控。以三县（市）主要道路网为骨架，以嘉陵江构建的生态文旅经济走廊为主线，以嘉陵江流域支流水脉为支线，有机串联沿路沿江沿河的森林公园、湿地公园、特色村镇、文化古迹等要素，打造集生态屏障、生态文化、休闲观光、高效农业为一体的复合型生态廊道。

加强嘉陵江流域和东河、西河、构溪河水系沿线湿地保护与恢复。进一步保护现有珍贵的湿地资源和生物多样性，有效控制区域范围内天然湿地的破坏性开发，积极遏制湿地面积下降趋势。推动构溪河湿地公园、花家坝·回水湾国家湿地公园、升钟湖风景区等重点项目建设；建立苍溪亭子口水利枢纽工程库区湿地省级自然保护区、东河流域湿地自然保护区（苍溪至阆中段）、西河流域湿地自然保护区（阆中至南部段）；开展石滩、升钟湖、八尔湖水库等大中型水库库区绿化建设和湿地保护。

分阶段推进阆苍南水土流失治理，从规模化逐步步入精细化。对三县（市）区域内水土流失和治理情况进行摸底评估，同步开展水土流失重点预防区和重点治理区域划分工作。联合三县（市）发改、财政、自然资源规划、生态环境等多部门，共同起草制定水土保持规划，争取将水土流失严重区域纳入国家、省重点预防区和治理区。推进综合治理改变微地形地貌，合理运用坡改梯等综合措施，降低坡耕地的水土流失强度。不断提升农村土地植被覆盖率，通过植被提升地面糙度，对坡地径流进行有效拦挡。联动三县（市）共同建设水库群，落实相应的配套排水设施和防护工程，解决嘉陵江中下游降水丰沛且集中带来的安全隐患。

加大城乡饮用水源保护力度，确保区域城乡居民饮用水安全。依法加强对城区和乡镇集中式饮用水源保护区的监管，严格按照省市人民政府关于城乡集中式饮用水源保护区的划分，在保护区内设置完备的警示标志。在一级、二级保护区和准保护区内，禁止设置易溶性、有毒有害废弃物和危险废物的暂存、转运场所；禁止设置生活垃圾和工业固体废物的处置场所，对生活垃圾转运站和工业固体废物暂存场所设置防护设施。在地表水一级、二级保护区内，禁止超标准养殖，逐步取缔嘉陵江干流和主要支流以及作为饮用水源地的水库的"肥水养鱼"网箱；从事旅游等活动的水域，按照相关规定采取措施，防止污染饮用水水体。加强对饮用水源地水质的监测，对已经污染的饮用水源地，要加快治理，持续改善水质。

7.1.3 共同维护区域生物多样性

加强阆苍南生物多样性保护，健全生物多样性保护网络。不断提升区域生态系统完整性、稳定性，对区域内国家重点保护动植物实施抢救性保护，加快建立一批珍稀植物栽培基地和野生动植物抢救、驯养、繁殖中心。成立区域动植物保护联盟，加强公众宣传教育，提高对生物多样性保护的意识。鼓励知名企业家、政府官员在生物多样性保护的具体实践中做出相应的贡献和带头示范。加快生物多样性安全监管网络建设，利用智慧化手段，积极推动区域生物基因库建设，有效编制生物物种资源保护利用相关规划，推动生物资源就地保护。

加强区域内天然林和生态公益林保护，共同保护森林生态系统。执行落实年森林采伐限额制度，严格控制阆苍南森林活立木蓄积消耗量，其总量不得超过国家、四川省下达的限额。增加森林蓄积的乡土树种，优化森林资源分布，改善三县（市）现有森林树种结构单一且空间分布不均的问题。加快核桃、速丰工业原料林、木本中药材和珍稀林木基地建设，充分争取和依托退耕还林、荒山造林等林业项目，依法加快土地流转，支持组建专业合作组织，规模成片发展林业特色产业，变林业资源优势为经济优势。充分利用宜林荒地荒滩，低效林采伐迹地、边际地、撂荒地以及农村路旁、水旁和农居四周用地，栽植珍稀树木，将增加森林面积与农民增收致富相结合。协同实施城乡生态绿化工程，把退耕还林与三县（市）的重点建设生态绿化工程结合起来，加快推动生态环境脆弱区域的生态工程创建，合理开发森林景观和人文景观。

7.1.4 共推绿色生产、生活方式

持续推动绿色产业发展，加快淘汰落后产业，关停退出一批能耗、环保、安全等不达标的产能及产品，加快城市建成区污染企业迁入工业园区，推进传统产业集群和工业园区整合提升，严防"散乱污"企业反弹，显著提高产业集约化、绿色化发展水平。采用环境税、差别化水电价、差异化环境管理等手段，全面推进食品医药、丝纺服装、机械制造、建材等传统行业领域企业智能化、清洁化、低碳化改造。积极引导企业加大资金投入，多渠道筹措节能减排资金，鼓励发展资源消耗低、环境污染少、附加值高的高新技术产业。

引领生活方式绿色化转变，开展丰富多样的生活方式绿色化活动，发挥榜样典型的示范引领作用，全面构建推动生活方式绿色化全民行动体系。进一步增强区域绿色供给，推进绿色包装，促进绿色采购，开展绿色回收，鼓励、支持消耗臭氧层物质替代品的生产和使用。大力宣传绿色生活方式，积极探索阆苍南绿色消费积分制度，鼓励实行绿色消费。引导三县（市）居民绿色饮食，鼓励餐饮行业更多提供可回收、可降解的餐具，分类回收与利用厨余垃圾。全面推进生活垃圾分类和处理设施建设，积极提升垃圾分类和处理设施覆盖水平，通过科学合理设置区域目标，助力推进三地生活垃圾和处理设施协调平衡发展。倡导绿色居住，引导家具等行业采用环保型原材料，完善节水器具、节电灯具、节能家电等产品的推广机制。鼓励绿色出行，提高公共交通出行比例，推动公众主动减少机动车使用，推广应用节能环保型和新能源机动车。

以战略眼光提前谋划、超前布局，从发展理念的深刻转变、行动方案的科学编制、产业结构的根本转型、低碳社会的合力建设等方面着手，积极推动实施"碳达峰碳中和"阆苍南行动。合作推广零碳能源应用，加速推进绿色供电体系建设，结合创新技术实现传统电网向智能电网的过渡，逐步建立阆苍南"零碳"能源格局。加快制定区域工业脱碳发展路径，提升工业发展质量和碳生产

力，彻底摆脱粗放式、高能耗的发展模式。推广应用"净零碳"建筑，构建建筑能耗智能管理系统，提升建筑领域的节能标准。进一步增强生态系统碳汇作用，提高林业生态产品供给能力和森林生态系统的碳汇能力。加强技术创新和机制保障，积极推动在产业、能源、交通、建筑、消费、生态等领域的净零碳技术产品综合集成应用。探索利用"互联网+"，建立全区统一的绿色消费信息平台，将公众绿色消费、绿色出行、节能环保、垃圾分类等生态环境保护行为转化为减碳积分，采用消费券兑换、能源消费折扣等方式对其绿色行为提供直接激励。

7.2 推动城乡环境综合整治

城乡环境综合整治是推进生态文明建设、改善人居环境的重要基础性工作，应不断加强力度、不断拓展广度、不断丰富内容，始终坚持问题导向，以整治城乡环境"脏、乱、差、堵、污"问题为重点，坚持广泛动员、全民参与、全力推进，纵深推进阆苍南区域城乡环境综合整治工作。

7.2.1 加强水环境污染共治共管

共同制定嘉陵江水污染防治行动计划。实施流域共治，不断提高地表水水质优良比例。加强饮用水水源和良好水体保护，全面推进涵养区、源头区等水源地环境整治，确保饮用水安全。强化工业园区以及造纸、印染、化工、制革、规模化畜禽养殖等行业污染治理和清洁化改造，持续推进化学需氧量和氨氮减排，严格控制总磷排放量，保护嘉陵江等重点流域和升钟湖良好生态环境。

不断完善沿线污水处理设施建设。按照"厂网配套、泥水并重"要求，建设污水集中处理设施（图7-2）。加快嘉陵江流域及阆苍南小流域内重点排污场镇的生活污水处理设施建设进程，大力完善建设阆苍南新老城区污水处理厂配套市政管网敷设工作，逐步提高城镇生活污水集中处理率。加快提高阆苍南工业园区污水集中处理能力，完善园区内配套污水收集管网系统，保证工业区内所有排污企业排放的废水收集、处理率达到100%。对重点河流沿岸散居农户，根据具体情况大力推广分散到户的玻钢一体化三格化粪池建设，开展农村庭院式生态系统建设试点工作，尽量将农户产生的各种污染物在庭院内循环并得到彻底降解。新建、提升一批污水处理厂。加快建设阆中江东片区污水处理厂及配套管网、泵站建设项目，采取雨污分流的方式，合理规划建设服务片区污水收集管网，改善下游南部县的水环境质量。在南部和苍溪，着重加强县城中心城区污水处理厂提标升级，完善乡镇污水处理厂建设。加快城中村、老城区、城乡结合部、搬迁安置点生活污水收集管网建设，加快消除收集管网空白区。结合旧住宅区和市政道路改造，推进支线管网和户用管道的衔接建设，补充"毛细血管"，实施错接、漏接、旧损管网的更新修复，提高污水收集效率。

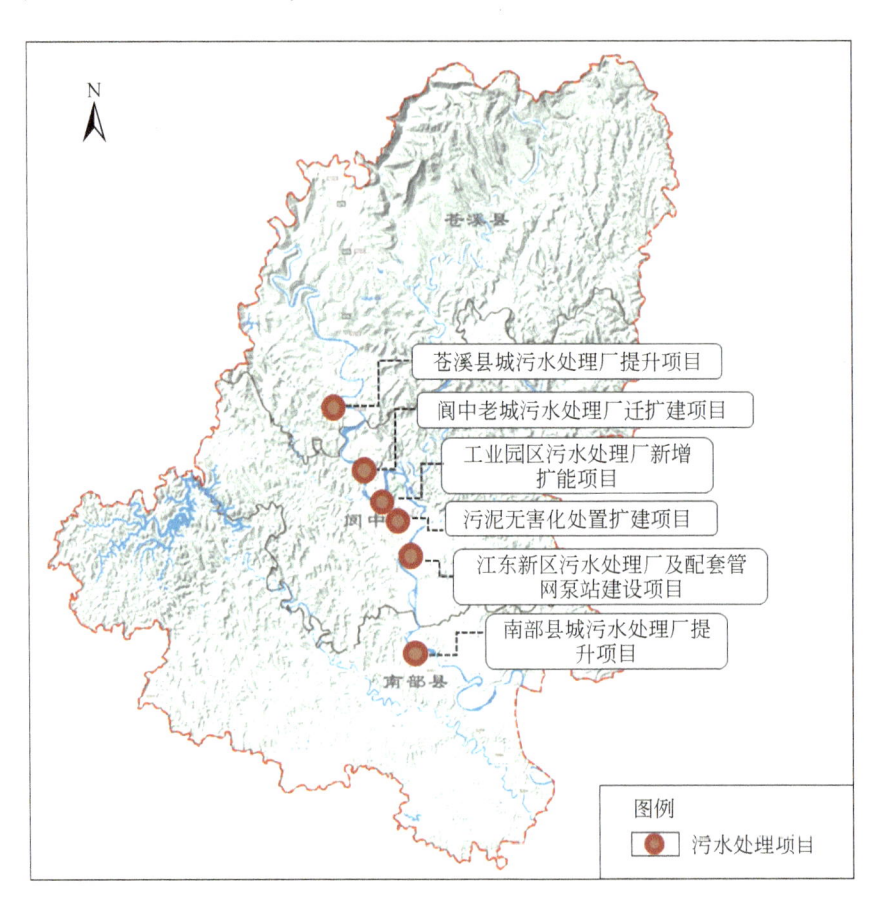

图 7-2 阆苍南区域污水处理设施项目分布图

提升区域污泥无害化一体化处置设施。在污泥浓缩、调理和脱水等减量化处理基础上，根据污泥产生量和泥质，选择适宜的处置技术路线。将阆中市建成的污泥无害化处置设施处理能力由 100 吨/日提升到 200 吨/日，实现设施共享，三县（市）污泥无害化共同处置，避免重复建设，提升规模效应。探索厌氧消化和好氧发酵处理污泥的方法。经过无害化处理，符合相关标准，可用于土地改良、荒地造林、苗木抚育、园林绿化和农业利用。

开展水污染地区修复试点示范。采取底部防渗、渗滤液引流、地下水修复等措施，对阆中孙家垭、苍溪金垭子、南部老垃圾场周边地下水污染进行全面修复。

7.2.2 推动大气环境联防联控

构建源头严防、过程严管、末端严治大气污染闭环治理体系。针对阆苍南大气污染物以 $PM_{2.5}$、PM_{10}、SO_2 和 NO_x 及挥发性有机物为主的特点，重点加快治理工业大气污染物、严控施工扬尘、加强城区道路扬尘控制、加强城市建成区餐饮油烟防治、开展农作物秸秆综合利用和禁烧监管、加快清洁能源推广和利用、加强机动车污染物减排力度以及加快推进环保基础能力建设等任务。三县（市）统一治理步调、统一治理标准、统一预警要求，推动环境空气质量实现"搭车提升"、污染物协同减排。实行重污染天气应急联动制度。建立健全区域空气质量监测预测预报体系，全力做好秋冬季大气污染综合治理攻坚工作，做好重污染天气预报预警、分析判断工作，统一区域预警分类标准和应急联动要求。

7.2.3 推动土壤污染防治和固体废物协同处置

完善生活垃圾、工业固废和医废处理设施。共同制定各类固体废弃物的分类化、减量化、资源化、无害化处理目标，统筹布局重大固废处理设施建设。严格落实环境监管"装、树、联"[①] 要求，逐步提高垃圾资源化处理和建设标准，推动建设"邻利"型生活垃圾处理设施。同步明确飞灰处置途径，统筹规划建设飞灰处置设施。加强对工业区固体废弃物处理处置的监管和控制，建立治理生活垃圾的长效机制，逐步建立分类投放、收集、运输、无害化资源化处理的生活垃圾处理体系。

改造升级部分已有设施设备，提升新建生活垃圾收集点（房）、乡镇生活垃圾压缩中转站等设施和再生资源回收网点，拓宽覆盖范围。鼓励社会资金参与，整合相关专项资金，实行"以奖代补"，重点支持各村设备设施的添置、更新。在有条件的地区，探索城市生活垃圾清洁、运输和处理的运营模式向农村延伸，

---

① "装、树、联"指生活垃圾焚烧厂要依法安装污染物排放自动监测设备、厂区门口树立显示屏实时公布污染物排放和焚烧炉运行数据、自动监测设备与环保部门联网。

鼓励城市相关企业"接管"农村垃圾处理，实现规模化运营，提高效率、降低成本。

探索"无废城市"的建设。最大限度推进固体废弃（固废）物源头减量、资源化利用和无害化处理，以达到节约减排、循环利用、无害化处置的目标。完善固废分类收运体系，提高固废资源利用水平，加强固废监督管理能力，逐步实现各类固体废物分类、减量化、资源化、无害化处理的目标。在阆中建设一座废旧塑料综合处置利用中心和一处建渣、弃土处置项目，利用建渣、弃土制成建筑、市政用砖。

加强农业面源污染治理。按照"源头预防、过程控制、末端治理"的思路，以农药、化肥零增长，秸秆、畜禽粪便资源化利用，废旧农膜回收为重点，通过政策引导、技术推广、工程示范、强化监测和预警体系建设，推进阆苍南区域面源污染综合防治，促进农业发展方式转变，推进农业可持续发展。深入推进农药、化肥减量化使用，通过增施有机肥和微生物肥料，恢复发展绿肥种植，大力推广病虫害绿色防控技术。大力推进农业废弃物资源化利用，在阆中、苍溪和南部各建设一处有机肥项目，解决畜禽养殖粪便污染。积极拓展秸秆饲料化、基料化、能源化、资源化利用，禁止秸秆焚烧。推广可降解地膜、液体地膜，"一膜两用、实时揭膜"。推进种养循环，推广分散到户的玻钢一体化三格化粪池建设。强力推进农药包装废弃物回收利用。针对重点种植区和嘉陵江流域沿岸种植区全面实施测土配方施肥，降低化肥、农药施用。

7.2.4 大力推进全域厕所革命

严格按照《城市公共厕所设计标准》《城市公共厕所卫生标准》《旅游厕所质量等级划分与评定》等技术标准，新建、改扩建环卫公厕、公共场所配套公厕、社会对外开放公厕等中心城区和农村公厕。按照城乡统筹推进要求，将公共厕所纳入城乡、景区、公路和机场、车站等基础设施建设规划；在编制国土空间规划时，同步科学合理落实厕所建设用地区域和指标。推广"第三卫生间"等无障碍公厕模式，服务母婴需求和残障需求。积极探索"互联网+大数据+厕所"模式，将厕所电子地图、手机APP等技术手段应用到厕所管理中，实现一键式查找、使用和评估厕所，方便市民和游客进入厕所。大力推进农村厕所革命，加强农村户用卫生厕所无害化改造，实现农村公厕行政村全覆盖、户用卫生厕所全面普及。

7.3 建立健全生态环保长效机制

生态文明体制改革是全面深化改革的重要领域。坚持综合治理、综合落实，以改革创新解决深层次问题，完善生态环境保护长效机制。生态环境保护的突出问题大多与制度不健全、制度不严、执行不力、处罚不力有关。要加快探索制度创新，增加制度供给，完善制度配套，加强制度落实。牢固树立制度的权威性，使制度约束成为不可触碰的高压线，不得随意修改。

7.3.1 多元渠道增加生态环保投入

拓宽多元化投资渠道，探索绿色金融支持。积极对接国开行等政策性银行，与嘉陵江流域其他地区协同争取国家设立环保基金嘉陵江流域子基金，加大地方生态环保专项债券规模。鼓励金融机构建立符合当地融资特点的绿色信贷服务体系，支持生态保护项目的发展，支持PPP模式下的绿色产业项目；鼓励符合条件的非金融、金融机构发行绿色债券，鼓励保险机构创新绿色保险产品参与生态保护补偿。

引入市场机制，促进污染治理产业化和生态产业化经营。发挥政府引导和监管职能，强化政策引导，提高监管效能，制定第三方治理税收优惠政策，鼓励地方龙头环保企业参与和实施环境污染第三方治理，鼓励相关企业在实施新项目污染治理时优先实施第三方治理。加快形成多种形式的排污单位、处理运维单位和监控单位相互监督制约、政府由分散监督向集中管理转变的污染源管理新模式。在工业园区等产业集群中，引入环境服务公司对园区内企业污染进行集中、专业处理，开展环境诊断、生态设计、清洁生产审核和技术改造。

7.3.2 构建生态共建共享机制

加快建立阆苍南生态环境"三统一"制度。在三个县（市）实施统一的生态环境标准，严格执行污染物排放标准。统一环境监测体系，建立区域生态环境和污染源监测"一平台"，实现信息互通、结果互认、平台共享。统一环境监督执法，制定统一的生态环境行政执法规范，实行"一把尺"严格监督，促进联动、联合与交叉执法。

推进嘉陵江流域跨省联防共治。建立阆苍南生态环境联防联控机制、预警应急处置机制、联合监测联合执法工作机制、信息共享机制等,协同应对处置跨区域突发环境事件。搭建生态环保共商议事平台、数字环保平台、技术合作平台,共同研究解决生态保护、产业布局、城镇发展、航道建设等重大问题。健全流域成本和收益公平分配制度、生态补偿机制、跨界纠纷化解机制。积极加入成渝地区双城经济圈大气污染联防联控工程,推动建立区域重污染天气应急动态决策管理系统,开展统一的毗邻地区重污染天气预警分级标准试点。深化协同处理相邻区域固体废物和土壤污染,进一步推进危险废物转移"白名单"制度,助力提升成渝地区双城经济圈生态环境监测预警和应急能力。

7.3.3 探索生态价值实现机制

2021年4月,中共中央办公厅、国务院办公厅印发了《关于建立健全生态产品价值实现机制的意见》,提出加快完善政府主导、企业和社会各界参与、市场化运作、可持续的生态产品价值实现路径。阆苍南区域可立足于自身自然资源丰富的优势,充分发挥三地政府在制度设计、经济补偿、绩效考核和营造社会氛围等方面的主导作用,充分发挥市场在资源配置中的决定性作用,推动生态产品价值有效转化。

着力探索建立健全自然资源产权制度。开展水流、森林、山岭、荒地以及探明储量的矿产资源等全要素自然资源资产统一确权登记,做好资源环境产权的界定工作,促进资源环境产权公平交易。加快推进生态环境治理体系和治理能力现代化,强化监督问责,完善生态文明绩效评价考核与责任追究制度,编制并严格执行自然资源资产负债表,加强自然资源资产审计、生态环境保护责任追究。

构建公共生态产品价值的科学评估核算体系。推动阆苍南组织开展区域空间生态资源普查和生态环境评价工作,完善不同生态系统类型、不同生态服务功能的时空动态价值评估方法,构建包括湿地、河流、森林等公共生态产品价值的科学评估核算体系。依托生态环境、气候条件等自然优势,充分发挥生态系统的供给功能,加快推动"林权改革""河权到户"等改革,实现"叶子变票子、水流变资金流"。

推动建立区域生态产品市场交易机制。进一步完善生态保护补偿市场体系,建立健全市场化、多元化的生态保护补偿机制。建立统一的自然资源资产交易平台,完善自然资源资产收益分配制度。优化排污权交易机制,探索建立生态保护区排污权交易制度,在实现环境质量改善目标和任务的基础上,通过淘汰落后产能和过剩产能、清洁生产、清洁改造、污染治理、技术改造和升级，企业可以按规定在市场上交易。完善水权交易机制，鼓励和引导水权交易的发展。对用水量总量达到或超过区域总量控制指标或河水分配指标的地区，原则上通过水权交易解决新增用水。鼓励取水权人通过节约利用水资源，有偿转让相应的取水权。健全碳排放权交易机制。引导碳交易绩效企业和对口支援单位优先购买阆苍南林业碳汇项目产生的减排量。鼓励通过碳中和及其他形式发展林业碳汇。

7.3.4 完善区域生态补偿制度

生态补偿机制是以保护生态环境、促进人与自然和谐为目的，根据生态系统服务价值、生态保护成本、发展机会成本，综合运用行政和市场手段，调整生态环境保护和建设相关各方之间利益关系的一种制度安排。阆苍南区域应联手积极推动建立常态化跨省流域生态补偿机制。在成渝地区双城经济圈建设生态环境保护工作框架下，在嘉陵江流域试点开展跨省流域横向生态补偿，共同争取国家生态补偿资金，支持长江上游生态屏障建设。积极推进资本补偿、对口合作、产业转移、人才培养、园区共建等多元化补偿方式。探索上下游地区对水质保护贡献程度分配，流域内下游城市每年按照从嘉陵江取水量和人均收入筹集资金，由省级财政统筹管理；对上游城市按照各市行政区域内嘉陵江流域面积为分配基数，兼顾各县（市）对水质保护贡献程度进行分配。

第8章　建设宜居宜业宜游的优质生活圈*

打造以共享为核心的优质生活圈，提高阆苍南人民生活水平和幸福指数，是推动区域高质量一体化的重要内容之一，也是提升区域总体竞争力不可或缺的重要组成部分。优质生活圈建设主要包括高品质的教育医疗资源、繁荣发展的文化体育事业、良好的就业创业环境和高效公平的社会治理体系等。阆苍南要坚持以改善民生为重点，加快开展县城城镇化补短板强弱项工作，大力提升城乡公共设施建设水平和公共服务能力，共建阆苍南优质生活圈。围绕公共服务设施提标扩面，不断优化三县（市）教育医疗、健康养老、文化体育、社会福利等设施配置，进一步加强公共服务政策协同，不断满足人民群众日益增长的美好生活需要，使一体化发展成果更多、更公平惠及阆苍南全体人民。

8.1　共享高品质教育医疗资源

8.1.1　推动高品质教育资源跨区域共享

创新教育理念和教育模式，促进阆苍南教育事业高质量发展，共同打造川东北教育高地。合力推动区域教育现代化，统筹建设智能化教学、管理与服务平台，引领三县（市）各级各类学校精准定位、特色发展，全方位推动学习型社会建设。加强阆苍南同成都、重庆、南充等地优质教育资源的对接合作，进一步优化区域公共服务资源配置，探索集团化办学模式。探索"互联网+教育"等新模式，建立数字教育资源共建共享机制，推动在线教育市场规模稳步增长。推进教育管理方式变革，完善利益分配机制、知识产权保护制度和新型教育服务监管制度，提升管理精准化和决策科学化水平。共建考试招生信息发布制度，共同组织协调高中、职业教育学校等招生录取，实现各类优质教育资源实时共享。

---

* 本章作者：文雯。

扩大优质教育资源覆盖面，推动阆苍南基础教育资源的统筹共享。积极响应落实国家优化生育政策，推动生育、养育、教育一体化发展。不断加大区域基础教育投入和设施建设，包括统筹建设交界地区幼儿园、中小学等教育设施，进一步优化中小学及幼儿园布局；加强乡镇寄宿制学校和中心城区学校建设，通过新建、改建、扩建等方式，办好特殊教育、规范民办教育发展等。合作建立优质基础教育资源共享机制，鼓励以合作办学、建立分校区等方式，扶持区域薄弱学校发展，加速优质教育资源统筹布局。共同推动托育事业发展，加快学前三年教育普及，完善区域托育服务政策体系，发展微型普惠性托育机构，增加托育服务供给，切实满足区域幼有所育的需求。大力关爱农村留守学生，做好进城务工人员子女接受教育相关工作，共同建立留守儿童基本信息库，实行留守儿童信息动态管理。

强化市场化运营机制建设，鼓励非盈利组织、行业部门、相关社团积极办学，形成优势互补的办学格局。积极创新市场化的办学体制，形成公办和民办优势互补公平竞争、共同发展的办学格局，培养更加符合市场需要的应用型人才。合作探索和完善各种社会力量办学的机制，鼓励通过成立运营集团等方式，加速实现教育资源的整合与共享。加快青少年宫、研学旅行营地、锦屏书院、天文科普教育基地等项目建设，实现校外教育和校内教育的有机结合。

积极开展互动式教育教学交流，在学校管理、教学科研、队伍建设等方面开展深度合作，开创教育教学联盟新途径，不断提升教育管理品质。加强校际联动，积极尝试师资培训、课程改革、学科共建、实训基地建设、社会实践活动联合策划等方面的交流合作，成立"学前教育提升联盟""教学研究联盟"，组建"阆苍南学科专家组""阆苍南学科名师工作坊""名校长作坊"等，进行教学管理研究的经验交流，共同引领三县（市）教师专业成长。加快推动三县（市）师资共享，推动教师继续教育与培训的互认互通，大力促进师资在三县（市）流动。进一步加强"双师型"教师队伍建设，针对"双师型教师"（即教师+中级以上技术职务或职业资格）比较缺乏的现状，建立三县（市）专业教师自由流动机制，同时解决部分教师专业不对口、部分学校缺乏专业教师的难题。积极打通生源输送通道，破除生源地方保护，允许并鼓励学生在三县（市）职校自愿选择就读。

8.1.2 共同推动特色高等职业教育发展

加快整合三县（市）职业教育资源，成立跨区域联合职业教育集团，积极争取国省职业教育创新发展试验区建设。着力建设以南充文化旅游职业学院为龙头、以三县（市）中职学校为一级生源支撑、以三县（市）初高中学校为二级生源支撑的区域现代职业教育办学体系，鼓励三县（市）中等职业、技工院校和职业培训机构加强合作办学，扩大面向阆苍南区域的招生规模。探索成立区域职业教育提升联盟，积极搭建阆苍南职教联盟人才支持中心、专业支持中心、招生就业支持中心，共同打造区域职业教育品牌。积极开展科技当家人培训、农村劳动力转移培训、适用技术培训、职工教育培训，探索"现代学徒制"，推动三地职业教育创新发展。

基于阆苍南现有职业学校的办学规模、基础条件、专业优势、生源状况以及产业发展情况，统筹优化职业教育专业设置，创新区域产教融合发展机制。按照"专而精、少而大"的要求，优化教育专业设置，积极推动文化旅游、现代农业、食品加工、传统工艺制作等具有区域特色的专业发展，为三地产业经济发展提供有效支撑。针对成渝地区双城经济圈的发展情况与市场需求，着力推动电子信息、智能制造、医护养老、学前教育等与区域关联度强的职业教育发展，有效衔接三地的教育链、人才链、产业链与创新链。

8.1.3　培育区域性医疗养老服务功能

推进紧密型的县域医疗卫生共同体建设，逐步实现区域内医疗资源共享，进一步提升三县（市）基层医疗健康方面的服务能力。研究制订鼓励政策，通过机构合作、设置分院、建立医联体等方式，引导优质健康养老资源向三县（市）延伸，共同推动成渝地区和全国的优质医疗资源向三县（市）纵深布局。支持区域内实现网上预约挂号、检查检验结果互认、双向转诊、异地结算、健康一卡通等应用，实施区域内分级诊疗和无缝转诊，推动医疗卫生与养老服务事业融合发展。

加快构建多元化的办医格局，吸引社会资本投资健康服务业。持续优化社会资本办医的政策环境和实施流程，引导社会资本办医方向，拓宽社会办医发展空间。合理引导社会资本和有资质人员依法依规作为医疗服务市场主体开展医疗服务，促进民营医疗机构发展，鼓励民营医院作为公立医院的补充，为社会提供多层次的医疗服务。新增医疗资源配置优先向社会资本开放，鼓励社会资金在城郊结合部及医疗资源相对薄弱的农村地区设立专科医院。逐步实现民营医院与公立医院同等待遇，稳步提高社会办医医疗机构在医疗服务中所占比例。共同发展中医药事业，弘扬传统中医药文化，加快推进中医药现代化、产业化。

利用信息技术建立区域性的医疗数据中心，实现阆苍南医疗数据的实时共享，大力提高诊断效率和就诊速度。共享大数据的运用可以提高医学科学研究的有效性和针对性，创造出更加符合临床需要、成本效益更高的技术和产品。因此，要积极推进阆苍南"互联网+"医联体合作，以现有医院平台为基础，以互联网信息技术和社交产品为纽带，通过区块链加密传输等技术手段，推行阆苍南电子健康卡，确保患者相关电子病历在就诊医院之间的信息共享，打破医院系统中的"数据孤岛"，形成互联互通的合力，提升医疗行业数字化水平。

统筹发展区域养老事业和养老产业，积极应对人口老龄化。加快推动阆苍南发展普惠型养老服务和互助型养老，完善居家为基础、社区为依托、机构为补充、医养相结合的区域养老服务体系。鼓励三县（市）共建医疗卫生与养老相结合的服务设施，依托良好的生态环境资源，全面提升面向川东北地区、成渝地区双城经济圈的健康养老领域服务能力。多渠道、多领域扩大适老产品和相关的服务供给，加快推动公共场所、互联网应用等适老化改造，建设老年友好型生活环境。积极开发区域老龄人力资源，以"银发经济"带动阆苍南养老事业和养老产业的协调发展。

8.2 共同繁荣发展文化体育事业

8.2.1 加强嘉陵江流域文化保护与传承

积极开展春节文化、巴人文化、科举文化、红色文化、农耕文化、钓鱼文化等嘉陵江流域特色文化遗产的挖掘与保护，加强文物保护单位的修缮与开发利用，共同打造嘉陵江流域文化品牌。创新嘉陵江船工号子、皮影戏、傩戏灯等非物质文化遗产保护和开发机制，积极推动非物质文化遗产代表性传承人推荐工作、非遗普查和推广工作，共建区域非遗传承基地。加大对店垭花灯、群龙剪纸、唤马剪纸、双峰傩戏、真丝挂毯等地方传统文化的保护和开发，进一步推动传统手工艺的振兴和发展，合作共建传统工艺传承人工作室，积极培养一批文化大师和非遗传承人。依托落下闳春节文化博览会、国际木偶皮影历史传承与当代发展研讨会等重大品牌文化活动，推动阆苍南合作申办一批国际性、全国性、区域性的文化艺术节、民俗文化节和博览会，进一步提升嘉陵江文化品牌影响力。

统筹嘉陵江两岸旅游客运码头、主题公园、文化商业街、文化景观长廊、文庙、博物馆等各类文化设施建设，进一步提升完善滨河景观带文化服务功能，推动生态观光、休闲康养、文化体验等产业发展。完善滨江城市公园体系建设，沿江布局区域性、高品质的游客服务中心，不断完善旅游道路、旅游厕所等配套设施，以设施提升带动文化消费环境优化。加快改造商业步行街和地方特色街区，活化利用老建筑载体，构建文化消费新场景，积极发展网络直播、智慧门店、新零售等消费新场景，不断丰富夜市、夜展、夜秀、夜游等夜间经济产品，打造全国知名的新型文化消费聚集区。

8.2.2 推进文化体育设施共建共享

共同发展文化事业，推进剧院、图书馆、文化馆、博物馆、文化站（文化中心）、文化茶园、文化活动室、农家（社区）书屋等资源和设施向三县（市）居民开放共享，提高现有文化体育设施利用效率。以阆中市为重点，建设服务阆苍南公共文化服务中心，擦亮区域特色鲜明的文化名片。全面提升区域公共文化服务水平，加快公共文化信息化、数字化发展，共同推动数字文化馆、数字图书馆、数字博物馆、电子阅览室、文化信息资源共享工程建设，形成覆盖全面、布局合理、特色鲜明的现代化公共文化服务体系。加强阆苍南公共文化流动服务建设，巩固文化馆、图书馆"一馆一车"（流动舞台演出车、图书流转车）建设，提升文化流动服务能力。

共同发展体育事业，以体育赛事为核心抓手，加快打造川东北体育运动竞赛中心，促进文化、旅游、体育产业融合发展。增设沿江步道、森林步道、骑游道等健身步道，建设阆中"赛城"、南池体育公园、滨江体育公园、八尔湖马拉松主题公园、升钟湖钓鱼主题公园等，推动体育馆、游泳馆等大型体育场馆设施和县、乡（镇）、村（社区）各级各类全民健身中心建设，全方位带动阆苍南体育事业的发展。大力发展体育旅游，做大做强马拉松、龙舟赛、徒步穿越等特色赛事，开发汽摩自行车、特色水上运动、升钟湖钓鱼大赛等品牌赛事，形成一批有影响、有市场、有特色的健身休闲赛事服务品牌。

精准对接百姓健身需求，充分利用阆苍南自然资源、都市型体育健身和休闲娱乐设施的良好基础，构建居民"15分钟体育健身圈"。不断完善全民健身体系，鼓励结合城市公园、郊野公园布局体育设施，形成高品质的全民健身设施网络。新建居住区和社区可以按照"室内人均建筑面积不低于0.1平方米或室外人均用地不低于0.3平方米"的建设标准，配建全民健身设施，不断满足三县（市）居民日益增长的多元化体育健身需求。

8.2.3 加强文化体育活动交流合作

加强阆苍南文化体育部门的交流合作，创新服务供给机制，共同制定公共文化体育"服务清单"。围绕三地人民群众的多元化文化需求，以基本公共服务清单为核心，以促进城乡、区域、人群基本公共服务均等化为主线，共同制定三地文艺培训、演出演绎、数字电影、图书借阅等领域的大众化、特色化文化体育服务。积极发挥市场作用，鼓励社会力量积极参与公共文化体育服务供给，加大政府向社会力量购买公共文化服务力度。完善针对农民工、空巢老人、留守儿童、残疾人等特殊人群的文化体育服务，探索形成"点菜式"按需供给的定制配送机制。

充分发挥阆中"国家公共文化服务体系示范区"的带头引领作用，共同承办文化体育交流活动。持续办好落下闳春节文化博览会、嘉陵江龙舟赛、全民健身马拉松赛、保宁醋文化节、苍溪梨花节等系列活动，推进文化体育和旅游深度融合。充分挖掘三县（市）特色文化、特色民俗，恢复并创新"走更坐艺""张飞巡城"等演艺活动，常态开展"秀才赶考""川北皮影""苍溪灯戏""巴象鼓舞""亮花鞋""游百病"等民俗表演活动，提升"阆苑仙境"等大型实景演出品质。积极开展市民文化体育培训活动，在文化馆、体育馆设立市民文化艺术学校、体育学校，在中心场镇设立市民文化艺术辅导站、体育运动辅导站。加强三县（市）文体学校在文化艺术培训、体育培训、联合参赛、演出、专题文体交流活动等方面的合作，免费开放市民文化艺术学校（辅导站）、体育运动学校（辅导站）等。

8.3 合力营造良好的就业创业环境

8.3.1 深化就业服务合作交流

完善劳动就业服务政策，提供多层次公共就业服务。深入推进阆苍南就业服务信息平台和职业技能培训资源共享，实现就业失业登记、就业指导、职位发布、岗位推荐、就业政策咨询等服务同城对接。继续实施就业困难群体就业合作，联合举办阆苍南人才一体化大学生就业洽谈会和专场招聘会等活动。发展"互联网+就业服务"，支持和规范发展新就业形态。加快建立覆盖城乡劳动者的终身职业技能培训制度，实施高技能人才振兴计划和专业技术人才知识更新工程，培育壮大高技能人才队伍。

健全人才评价方式和制度，加快建立资质互认机制。针对不同职业、不同岗位、不同层次的人才特点和职责内容，在省市基础上建立三县（市）统一的人才评价标准，优化人才评价体系建设。建立跨行政区的劳动人事信息共享、协同处理机制，重视用人单位和行业的认可度，实施单位推荐制度和同行专家推荐制度，共同组建专业评审委员会，建立统一的评审专家库。促进职业技能鉴定互认互通，合作开展定向培训、订单培训等，鼓励符合三县（市）产业转型升级要求的现代服务业、先进制造业企业提供更多就业岗位。对三县（市）人社（职改）部门审批取得初、中级专业技术任职资格，因工作需要在三县（市）调动的人员，在新单位新岗位经过半年至一年的试用并符合拟确认资格任职条件的实行互认。

8.3.2 合力搭建协同创新平台

加快创建阆苍南科技创新联盟，打造川东北科技创新协同发展示范样板。推动三县（市）共同搭建"创新资源+产学研合作"两大科技创新协同发展平台，建立科技大市场、青少年科技活动中心、川东北科技企业孵化器、科技型中小企业服务中心，提升科技咨询服务、科技评估、科技成果交易等服务水平。加强三地产学研协同，引导成渝等地高校、科研院所到三县（市）进行科技成果转移转化，或者根据企业需求有针对性地为企业设计和实施研发合作科技计划项目。

建设阆苍南区域创新服务中心，完善创新资源共享机制和市场开放机制。整合三县（市）科技信息资源、成果资源、人才资源和联盟资源，共享三县（市）的科技成果库、专家库和人才库，进一步提高技术设备及人才等各类科技资源的共享和服务能力。加快三地信息交流传播，提高科技信息利用效益，对中小型科技企业发展提供基础性、智力性资源保障和扶持。建立统一的技术市场、科技消费市场和科技投融资市场，引导社会资本加大投入，促进阆苍南科技成果市场交易一体化。

进一步推进苍溪县、阆中市返乡创业的国家级试点工作，合力搭建返乡创业政策平台和服务平台。提升七里返乡农民工创业一条街、全兴农业示范园等现有返乡创业园区建设水平，整合资源、盘活存量，鼓励财政、金融机构和社会资本依法合规对返乡入乡创业园企业进行投融资支持。实行导师结对帮扶制度，采取"专家讲堂""田间学校"等方式，加强返乡创业培训，提升创业者的创业技能水平。广泛收集和整理创业者在创业过程中遇到的问题和困难，从资金、项目、技术、用地、注册、用工等方面，向创业者提供多元化服务，进一步加强村（社区）人社服务窗口建设，就近提供优质、高效的创业服务和创业指导。

8.3.3 共同引进培育创新人才

实行更积极、更开放、更有效的人才引进政策，营造更具吸引力的人才吸引环境。争取开展人才审批服务改革试点，共同建立川东北人才合作示范区，探索推出区域"人才绿卡"。不断拓宽高端人才招揽渠道，探索建立区域"紧缺人才清单"，定期发布紧缺人才需求。探索设立人才"候鸟"工作站，鼓励高端科技人才、产业人才、管理人才等按规定在阆苍南兼职兼薪、按劳取酬。支持和鼓励高水平退休人员在阆苍南从事指导工作，进一步拓宽招才引智渠道与范围。

促进人才的有效流动和优化配置，提升人才协同管理水平。重点提升面向中高层次人才的协同管理水平，探索建立户口不迁、关系不转、身份不变、双向选择、能出能进的"柔性流动""柔性聘用"机制。建立区域一体化的户籍管理制度，鼓励学士以上学位的优秀人才在阆苍南安家落户、永久居留，为人才跨地区、跨行业、跨体制流动提供便利条件。落实阆苍南招才引智计划，建立区域人才资源动态优化机制和激励机制，不断完善人才公寓等配套设施建设，优化子女入学、社保保障等配套政策，促进各类人才有序流动。

不断优化人才培养模式，进一步畅通人才培养交流渠道。建立人才共育共用新机制，确保优秀人才资源配置均衡。加大对区域知识产权保护，企业技师、高级技师等专业技师人才培养等领域合作，利用阆苍南职业技术学院的办学优势，为企业培养并输送急需的高技能人才，充分激发人才活力；积极承担退役士兵技能培训任务，促进退役士兵就业，推动区域经济发展和社会稳定；开展阆苍南农村劳动力技能培训，突出"专业能力+操作技能"培训。

8.4 促进社会保障与社会治理合作

8.4.1 加强社会保障政策无缝对接

创新社会保障服务体系，加强社保信息平台协作。坚持老有所养、弱有所扶，以普惠性、保基本、均等化、可持续为目标，进一步完善阆苍南社会保障政策，在更大范围、更深层次、更高水平上统筹解决社会保障问题。依托全省统一的社会保险信息系统，建立社会保险参保信息共享机制。加大公共服务网络共建共享，在就业、养老、医保等领域逐步实现区域"一卡通"。

深化社保关系转接协作，实现区域内无缝对接。依托全省统一的社会保险信息系统，打破三县（市）之间户籍限制，逐步实现三地范围内社保关系无缝对接，以方便人员流动；根据参保人的居住地或就业地，三县（市）均可按政策办理参保人员与外地之间的社保关系转入。推动养老保险和失业保险关系实现无障碍转移，医疗保险异地就医即时结算，工伤保险等信息共享。

推动领待资格认证协作，推动待遇保障更加有力。通过信息平台和业务对接，实现三县（市）参保人员可在任一县（市）领取社保待遇、进行资格认证，为维护参保人员合法权益提供方便。研究实施阆苍南退休人员社会化管理的一体化机制，提升待遇领取资格认证的一体化水平。

8.4.2 推进跨区域政务互联互通

深入推进"互联网+政务服务"，建设一体化在线政务服务平台。充分利用国家电子政务网络和政法机关现有网络资源，推动阆苍南一体化在线政务服务平台建设。推动三县（市）信息共享、设施联通、网络畅通、平台贯通、数据融通，实现单向被动到三向互动、单部门到多部门系统的转变。引导各类数据资源在阆苍南一体化平台共享和互认，建成政务云平台、政务大数据平台、公共支撑平台等基础资源平台。

全面提升政务服务便利化水平，不断拓展政务事项跨城通办范围。实现三县（市）市民信息查询、费用缴纳、证明打印等许可和社会服务跨区域办理。推进政务信息共享，对接三县（市）网上办事大厅服务功能，统一规范政务服务建设标准，实施跨行政区政务服务便民利民措施。不断拓展跨区办理各类许可和社会服务的范围,通过架设"阆苍南市民之窗"等自助终端等方式,将政务服务向村、社区延伸,让老百姓在家门口即可方便地享受政务服务。

加强跨界地区城市管理联动,积极开展区域联合执法。推动三县(市)相邻区域管理无缝对接,探索建立跨行政区城市管理联动机制和网格化综合巡检制度,制定城市管理协作联动预案。加强交界区域重点范围、重点路段和重点区域城市管理综合整治,联合开展安全隐患排查和社区人居环境综合整治。

8.4.3 共筑安全防控和应急体系

完善区域公共卫生防控体系,共同构建韧性城市的防御体系。全面落实川东北经济区应对突发公共卫生事件应急联动合作框架协议,加强应急管理和社会治理体系合作共建。共同开展多维情景风险分析,动态评估识别重点灾害源,预先布控。提高低洼、滨水等高风险区的市政、交通基础设施和各类防灾减灾设施的设计标准,提升区域综合防灾能力。加强安防警务力量,有效提升区域安全保障水平。建立相邻网格支援、警种联勤联动,不断提升人民群众安全感。加强基础网络的安全监管与保障,建立阆苍南智能信息容灾共享备份系统。

建立健全区域应急防控联动体系,形成应急管理"多点联动"机制。构建区域性、综合性的应急管理体系和预防救治体系,有效应对影响区域社会安全稳定的突发公共事件,提升区域应急保障能力。完善重大疫情联防联控及监测预警机制,强化医疗机构疾病防控职责,提高区域内发生重大传染病、不明原因群体性疾病、重大职业中毒等突发公共卫生事件的协同处置能力。建设统一完善的医疗急救网络和紧急情况下的统一调度指挥急救机制,推进实现阆苍南急救信息共享和急救网络联通。

改革创新"大社会大急救"项目,加快组建阆苍南区域急救中心。大力推动阆苍南医疗急救体系改革创新,构建急诊急救联动机制,进一步扩建阆中市"120"紧急医疗救援指挥中心,依托阆中市紧急医疗救援指挥中心组建阆苍南区域急救中心,建立健全以阆中为核心的区域急诊急救体系。三地联动,相互协作,共享数据,按各自的地缘优势,形成互补的医疗资源体系。统筹阆苍南应急救援相关服务与培训工作,充分利用"互联网+移动智能终端"技术,实现移动接入和调派。积极改造或新建区域内大型公共场所,使之具备短期内改建为应急避难场所的条件,满足救灾应急需要。提升县级疾控中心的标准化水平,完善疾病监测预警、标本采集、实验室检测、现场处置等设施设备建设,推动阆苍南疾控信息共享。

8.4.4 拓展跨区域便民服务功能

共同推动区域新型城镇化建设，提升中心城区公共服务能力水平，打造示范性"优质生活圈"，以适应日益增加的就业安家需求。因地制宜布局社区综合服务设施，加快"一镇（街道）一片"优质生活圈建设，在15分钟步行可达范围内，配备生活所需的基本服务功能和公共活动空间，逐步实现城镇居民全覆盖。按照县（市）级层面适度强化中心城区、乡镇级层面大力建设魅力小城、村级层面打造美丽幸福村居的布局原则，在中心城区和交界地区逐步形成3~5个示范性优质生活圈。

成立阆苍南绿色食品追溯联盟，共同制定发布食品和食用农产品信息追溯地方标准，共同推进区域食用农产品和食品等重要产品源头管控协作，强化联盟内生产经营企业发挥追溯建设示范作用。加快推进可视化信息系统建设，完善二维码信息追溯等技术应用，进一步优化食品生产全过程管理。联合三县（市）加快建成食品安全数据库，优化区域性食品经营网络建设，完善食品安全监管机制，探索提供产品防伪溯源、跨界营销、互联网流量分发和云端大数据分析等功能。

密切关注留守儿童上学问题，积极开展区域农村留守儿童关爱保护工作。督促乡镇（街道）在会同有关部门开展摸底排查的基础上，健全信息报送机制，动态更新农村留守儿童信息台账。全力做好农村留守儿童中适龄儿童义务教育控辍保学工作，与乡镇人民政府、街道办事处共同督促监护人履行适龄儿童、少年入学并完成义务教育义务。优化和调整支出结构，多渠道筹措资金，支持区域社会组织、爱心企业依托学校、社区综合服务设施举办农村留守儿童托管服务机构。

第9章 高水平协同推进对外开放合作*

县域经济要想实现更快更高质量的发展，不能封闭、孤立地发展，而要不断加大对外开放的力度，提升对外开放的层次和水平，凝聚起对外开放的强大合力。在区域合力成为新竞争力的宏观趋势和成渝地区双城经济圈建设不断深入推进的大背景下，充分发挥阆中、苍溪、南部三县（市）合力，协同推动对外开放合作，是为阆苍南提供更足更长远更丰富发展动力的重要举措。未来三地应积极联手，搭建交通、产业、商贸、文化、科技、金融、创新等多种对外合作平台，全面加强与港澳、成渝、浙江及东部其他发达地区的经贸联系，主动参与区域分工，推进全方位、多层次、宽领域的区域合作，不断提升阆苍南开放型经济水平，构建接轨国际、服务全国、内外联动、互利共赢的区域开放型经济新格局。

9.1 主动融入国家重大区域发展战略

按照《中共中央 国务院关于建立更加有效的区域协调发展新机制的意见》有关要求，要以"一带一路"建设、京津冀协同发展、长江经济带发展、粤港澳大湾区建设等重大战略为引领，以西部、东北、中部、东部四大板块为基础，促进区域间相互融通补充。

阆苍南要坚决落实国家区域协调战略部署，主动融入"一带一路"建设、长江经济带建设、成渝地区双城经济圈建设等重大国家战略，着力推动与相关区域之间合作联动，实现更大范围、更广领域、更高层次的产业协作、资源配置、市场拓展和协作开发，促进合作共赢。

9.1.1 借船出海，主动融入"一带一路"建设

"和平合作、开放包容、互学互鉴、互利共赢"的丝路精神成为人类共有的

---

* 本章作者：王雪娇。

历史财富,"一带一路"就是秉承这一精神与原则提出的现时代重要倡议。通过加强相关国家间的全方位多层面交流合作,充分发掘与发挥各国的发展潜力与比较优势,彼此形成互利共赢的区域利益共同体、命运共同体和责任共同体。在全球新型冠状肺炎病毒疫情影响下,"一带一路"开放逆势增长,阆苍南应充分把握这一务实的合作平台,加快步伐"走出去"。借助"一带一路"建设,强化与国内沿海地区、内陆其他地区协同开放,重点对接海外"一带一路"友好城市、对民俗文化认同度较高的地区,加大开放合作力度。

依托中欧班列暨陆海新通道、保税物流中心(B型)、省级临江新区、国际合作园区等对外开放平台,以四川自贸试验区南充协同改革先行区为重要支点,主动参与高水平的国际大循环,深度融入"一带一路"建设,积极对接"蓉欧+""渝欧+"战略。

9.1.2 建立纽带,主动融入长江经济带

推动长江经济带发展,是党中央、国务院主动适应把握引领经济发展新常态,科学谋划中国经济新棋局,作出的既利当前又惠长远的重大决策部署,对于实现"两个一百年"奋斗目标和中华民族伟大复兴的中国梦,具有重大现实意义和深远历史意义。

充分发挥长江经济带横跨东中西三大板块的区位优势,以"共抓大保护、不搞大开发"为导向,以生态优先、绿色发展为引领,以嘉陵江航道为重要纽带,阆苍南应强化三地沿嘉陵江流域保护与开发协作,实施沿嘉陵江流域综合保护开发,融生态、旅游、产业、人文于一体;拓展与沿江其他城市之间的产业联动协作,联手打造嘉陵江文化旅游产业带和嘉陵江绿色经济走廊,加快融入长江黄金水道,探索走出一条生态优先、绿色发展之路,为推动长江上中下游地区协调发展和沿江地区高质量发展贡献阆苍南发展经验。

9.1.3 借力成渝,加强与双城经济圈的合作

2020年1月3日,中央财经委员会第六次会议明确提出,推动成渝地区双城经济圈建设,在西部形成高质量发展的重要增长极。这是中央首次提出"成渝地区双城经济圈",并且提出了要形成"高质量发展的重要增长极"的新要求。纵观历次提法,从一开始的"成渝经济区",到后来的"成渝城市群",再到最新的"成渝地区双城经济圈",体现了国家对重庆和成都这两个中心城市带动作用

的重视，更强调通过中心城市的发展带动经济圈内中小城市及小城镇的协同系统发展；同时，对成渝地区的定位提出了更高要求——成为"具有全国影响力的重要经济中心、科技创新中心、改革开放新高地、高品质生活宜居地"。

阆苍南处于成渝地区双城经济圈辐射带动发展区域。随着四川省提出"一干多支、五区协同"重大战略决策部署，区域交通基础设施不断完善、体制机制改革创新，阆苍南与成渝地区双城经济圈的联系将更加紧密，借力成渝地区双城经济圈"航母"级的资源，才能让阆苍南能够更好地"乘风破浪"式发展。

因此，阆苍南应加快携手全面融入成渝地区双城经济圈建设，重点在产业、基础设施、公共服务等方面与成渝地区双城经济圈加强合作。具体而言，立足成渝双城消费市场需求，优化绿色产品、旅游产品供给，并加大品牌塑造与宣传力度，加快树立品牌；通过"飞地""反向飞地"等方式，探索建设产业协作配套基地和研发中心，进一步融入区域产业链、供应链、价值链、创新链；抱团大力推进阆苍南地区与成渝双城之间战略性大通道建设，争取成渝向川东北方向对外大通道选址过境并设置节点；创新公共服务资源共享模式，以柔型人才流动、退休专家引进等方式吸引成渝人才指导、入驻。努力做好双城经济圈"次级核"的重点支撑，努力打造成渝地区双城经济圈文旅融合先行区、成渝地区双城经济圈生态康养"后花园"、成渝地区双城经济圈绿色产品供给地、成渝地区双城经济圈产业协作配套基地。此外，借助兰渝铁路，加强与重庆、兰州、西安等城市之间战略合作。

9.1.4 跨越发展，积极对接其他重要城市群

在主动融入"一带一路"建设、融入长江经济带发展、加强与双城经济圈合作的同时，阆苍南也应注重加强与国家级城市群的交流合作，打造特色鲜明、优势突出的承接产业转移特色园区，提高承接产业转移层次，坚持引资、引技、引智有机结合，推动阆苍南的产业升级和科技创新。例如，联合建立承接京津冀、长三角、粤港澳大湾区、成渝等地区产业转移重点园区，或依托现有产业转移园区（苍溪县成都产业转移园区、南部县东西部协作工业园等），通过园区共建、利益共享等方式，共同承接发达地区产业转移。以建立跨省合作园区、反向飞地园区等平台为突破，鼓励与国家级城市群共建产业合作基地。

9.2 争创川港澳文旅合作先行示范

长期以来，川港两地人民往来密切、合作交流频繁。四川与澳门是"9+2"泛珠三角区域合作机制的重要成员，双方虽然相距千里，但民心相通、情谊深厚。随着粤港澳大湾区、成渝地区双城经济圈建设两大国家战略的深入实施，川澳合作迎来前所未有的重大机遇。

发展至今，香港已经成为四川省第一大外资来源地和第四大贸易伙伴。汶川特大地震抗震救灾及灾后恢复重建进一步加深了双方的友谊与合作，为川港全面深化合作奠定了坚实基础。截至目前，四川省政府和香港特别行政区政府已签署《川港合作会议合作机制安排》《川港高层会晤暨川港合作会议第一次会议备忘录》等多份文件，未来将在"一带一路"建设、文化创意产业、科技、金融、青年发展、建筑、教育、中医药和食品安全、旅游、机场建设管理以及便利港人在川发展等11个领域加强合作；四川与澳门也举办了"川澳合作会议"，建立起常态化合作机制。

因此，阆苍南与港澳地区之间的合作基础条件好、顶层设计有保障，以阆中为主，通过阆中、苍溪、南部联动的方式，携手在川港澳文旅合作领域形成先行示范正当其时、未来前景可期。

9.2.1 深化文化交流合作

要充分发挥与港澳地区的民俗文化认同优势，全面加强阆苍南与港澳城市间文化交流合作，增强文化认同和价值认同，以文化寻根，以人文凝心，深化在文化产业领域的交流合作，形成川港文化产业全方位、宽领域、多渠道的文化交流格局。

提升文化交流合作层次，促进文化产业发展。充分发挥香港设计领域的创新优势，借力香港国际创新设计力量助力阆苍南文化资源实现创造性发展和创新性转化，不断激发文化创造力、城市创新力，转化为内生发展动力。积极谋划一批阆苍南与港澳文化联谊活动的文化交流合作品牌项目。积极开展文化贸易合作、文化外交往来、民间互动活动。

9.2.2 赋予旅游发展活力

积极创新方式，策划精品活动，如组织开展川港澳文化精品游、川港澳青年文化之旅、川港澳文化遗产主题游、艺术精品巡演等方式，推动阆苍南与香港、澳门的文化旅游交流合作有效开展。开展川港澳导游交流培训等旅游服务培训活动，促进文化历史的相互了解，传播阆苍南文化和大湾区声音，同时提升阆苍南旅游服务质量与水平。发挥每年举办的香港国际旅游展的平台优势，持续推动香港与阆苍南旅游发展方面的交流合作，向世界推广阆苍南旅游资源，也可以利用香港国际网络的优势做长期推介，提升阆苍南在国外的影响力。突出文旅融合发展，突出文化特色、挖掘文化内涵、营造文化氛围、创造文化价值，并通过旅游体验分享价值。

9.2.3 积极开展全方位互动

拓展合作领域。积极谋划符合阆苍南与川港澳多方利益的涵盖帮扶合作、产业发展、社会事业、生态保护、城镇建设、基础设施、公共服务等各领域的协同发展项目，争取列入川港澳合作项目库。

强化投资吸引。加强与香港贸易发展局、澳门投资促进局和港澳企业等政商机构的沟通交流，建立交流机制，共建合作平台，利用各种国际会议、论坛、博览、经贸代表处等资源和平台，积极开展各种投资促进活动，洽谈更多项目。

畅通经贸往来。继续加强航空航运、现代物流、跨境电商等领域合作，进一步畅通川港与"一带一路"国际市场的经贸联系网络；深化现代金融合作，开展共建"一带一路"金融服务和跨境人民币业务创新，共同提升金融服务实体经济的能力和水平。

共享科技人才。加强科技创新协同，推动创新链深度对接联通，联合开展关键核心技术攻关，共建一批创新平台，推动科技成果加速转化，合力培育经济发展新动能。强化川港澳人才交流交往，通过设立创新创业基地、完善相关激励政策等举措，鼓励香港年青人在阆苍南创业发展。

鼓励社会交流。加快建立川港澳青少年交流交往和社会组织合作机制，积极发展各类社会中介组织，有序发展区域性行业协会商会，鼓励市场主体、社会团体和行业协会等组织组建跨地区、跨行业的要素合作平台。

9.3 深化东西部协作和对口支援

2020年，脱贫攻坚目标任务已如期全面完成。接下来，如何适应形势任务变化，聚焦巩固拓展脱贫攻坚成果、全面推进乡村振兴，深化东西部协作和定点帮扶工作，成为帮扶工作新的命题。阆苍南应虚心学习"浙江经验"，尤其是在推动高质量发展、实现全体人民共同富裕等方面的先进理念做法和干在实处、走在前列、勇立潮头的创新精神、务实作风；珍惜新一轮浙江对口帮扶机遇，及时把握过渡期政策延续红利，争取更多帮扶政策、拓展市场主体协作领域，深化浙江温岭—四川阆中、浙江余杭—四川苍溪、浙江瑞安—四川南部东西部协作和对口支援，强化要素保障，着力打造一流营商环境，推动签约项目尽快落地落实，为企业入驻阆苍南、扎根阆苍南提供便利。

9.3.1 突出区域帮扶开发重点

依托对口帮扶区县，阆苍南应加快补齐基础设施、公共服务、生态环境、产业发展、新村建设等短板，深化经贸、产能、文旅合作，切实提升三县（市）自我发展能力，巩固脱贫成果。

围绕主导产业筑巢引凤，高质量建设东西部协作工业园、改造升级扩能现有产业园区，积极承接产业转移，实施精准招商。强化同长三角地区、粤港澳大湾区企业的合作，结合补链强链延链需求，主动承接产业转移，积极推进建立产业协作园区，加快推动产业转移项目落地。

加强基础设施帮扶建设，改善村容村貌，发展特色优势产业。鼓励和引导农民搬迁到城镇和工业园区从事二、三产业，并提供保障性住房和城镇生活保障等支持。

立足浙江台州、温州等发达地区地级市与南充、广元两个地级市之间的对口帮扶，围绕阆中、苍溪、南部发展特征与发展诉求，充分借力地市层面战略合作机遇，积极拓展对口帮扶重点领域，形成产业融合、劳务协作、人才培育、产业合作、社会帮扶等全方位帮扶体系。

专栏9-1 南充在香港
签下百亿大单 一个项目就可提供万个就业岗位

2018年11月，在"川港澳合作周"南充市（港澳）投资推介恳谈会上，南充市仪陇县与香港利达丰环球控股有限公司签订了投资20亿元的有机服装全产业链项目。双方就城市商业综合体、文化旅游综合开发、医疗康养等项目投资达成共识。

规划的有机服装全产业链项目主要包括建设标准化有机桑园10万亩，并配套建设有机蚕桑技术中心、水利设施、作业便道和养蚕设施等。同时，沿链建设有机蚕茧精深加工项目，形成年产有机丝约600吨，织造有机丝面料约400万米，有机丝、棉、麻服装约1000万件生产规模。项目全面建成达产后，预计实现年销售收入约10亿元，提供就业岗位约10000个。

截至2020年10月，利达丰集团前期在仪陇已完成对10万亩有机蚕桑基地的投资，第一期有机蚕桑养殖农业基地已如期完成，总占地面积达2万亩。并大力推动当地有机蚕桑养殖业的发展，携手集团旗下在当地的家丰时装有限公司，打造从种桑、养蚕、抽丝、织绸、练白到印染的全产业链项目，力争成为全球最大有机丝生产供应商和优秀的中国有机服装品牌。

家丰时装通过与当地老百姓和农户的紧密合作，在保证自身发展规模的同时，通过扶持当地农民栽桑养蚕，指导当地农民以更加科学绿色的方式种桑养蚕，以产业发展带动扶贫脱贫，进一步提高农民收入，为当地百姓创造了走向致富的机会，完美地实现了双赢。

香港利达丰环球控股有限公司成立了布碧丝有机农业科技有限公司，在铜鼓乡等地建成高标准现代农业园区。布碧丝在其生态有机蚕桑养殖基地，全面推行"公司+合作社（基地）+农户"的产业化发展模式，以技术指导与培训等多元化形式帮助农民提高养殖技术。生态有机蚕桑养殖基地的建立，不仅给当地带来3000多个就业岗位，还使农户收入增加了4~6倍。

资料来源：https://www.sohu.com/a/274331559_99894100

9.3.2 创新东西部协作和对口支援机制

建立健全长效普惠性的扶持机制和精准有效的差别化支持机制。深化"领导挂点、部门包村、干部帮户"活动,加大对口定点帮扶力度,制定帮扶规划,落实帮扶责任、资金和措施。引导各类金融机构支持阆苍南基础设施建设和产业发展。注重帮扶开发与农村最低生活保障制度有效衔接,实现帮扶与社会救助的有机结合。完善考核机制,增强帮扶开发工作实效。

创新社会帮扶参与机制。紧密对接温州、台州两地市场主体,积极开展产业帮扶,打造东西部产业转移示范区。充分发挥台州作为国家民间投资创新综合改革试点形成的先进经验与政策优势,打破民间资本投资壁垒,鼓励台商到阆苍南投资、创业。优化阆苍南投资环境,发挥比较优势,拓宽民间投资领域,开辟更多开放合作渠道,增强投资吸引力。

9.4 全面提升经贸合作水平

9.4.1 高水平打造对外开放合作平台

科学统筹各类开放载体建设,高水平谋划阆中机场枢纽地区,探索建立成本共担、利益共享的枢纽协同建设投资运营机制。高质量建设国家级、省级经济开发区,积极参与国际产业合作,打造阆苍南对外合作的窗口与前沿。加快培育外向型产业示范园区,积极争取和建设综合保税物流园区。加快建设阆中国际化平台,并实现与苍溪、南部的共享,布局海外市场,发展外贸新业态,加快阆中、苍溪、南部商贸国际化进程。共建公路铁路立体化现代物流体系,推进渝新欧班列阆苍南供货基地、铁路枢纽综合货场物流基地建设,推动优势特色产品出川。结合已有外贸基地,探索建立外贸服务平台体系,如阆中配合南充完善国家外贸转型升级基地(服饰)建设机制,探索建设外贸综合服务平台体系。

9.4.2 加快对外贸易发展

加快发展对外电商贸易。优化通关、退税等管理方式,强化国际贸易"单一窗口"应用,进一步降低进出口制度性成本。积极推进"互联网+外贸",构建

"垂直交易平台+内贸网商+跨境电商+电商服务商"的电商生态链模式，促进跨境电商外贸新业态发展。

扩大优势特色产品出口。围绕"一带一路"建设，全力组织企业、行业协会等走出国门。加快阆苍南特色制造、产品、技术、标准、品牌链条式"走出去"步伐，将"张飞中央厨房"、银河地毯、阆中保宁醋、宜华康养小镇、阆中坤银国际文创园、非洲贸易加工园等品牌项目进行部分组合或打包推向国际市场，提升企业国际竞争力。

积极发展服务贸易。积极参与中外知名企业四川行、中国进出口博览会、川欧经济合作交流会、东盟南亚投资贸易洽谈会等平台活动，支持企业参加"千企行丝路""万企出国门""南亚博览会""东盟博览会"等境外知名专业展会。举办中国（阆中）落下闳春节文化博览会、古城年味美食节等特色展会，参加国际文化交流及全球文艺演出活动，探索发行影视、游戏等"落下闳"数字内容产品，促进服务贸易发展。

9.4.3 创新开放体制机制

体制机制的建立与完善是扩大对外开放的重要保障。下一步，应探索建立阆苍南对外开放工作领导小组，统筹、协调阆中、苍溪、南部三县（市）对外开放工作，研究部署阆苍南对外开放重点工作及制定有关政策；探索创新外商投资促进机制，增强重大会展活动招商引资实效；借助更高平台宣传推介，完善阆苍南融媒体联盟建设，全面展示阆苍南优良的投资环境和竞争优势，促进与知名企业的互利互通、开放合作；创新项目管理办法，加强招引项目动态实时管理，健全统筹协调机制，增强三县（市）招商引资工作合力。

9.5 加强国际人文交流合作

推动国际人文交流。积极开展与世界各国，特别是"一带一路"国家之间多层次、多渠道、多形式的人文交流，以文化交流提升川港澳文旅合作示范区的国际化水平。建设面向"一带一路"，以国际人力资源开发合作为主题，集教育合作、文化合作、青年交流等多种功能于一体的川港澳人才交流合作中心，促进国际人力资源共享与交流。积极举办面向"一带一路"国家的文化艺术节、艺术演出、艺术比赛、体育比赛等文化艺术活动，促进文化交流与合作。

　　加强国际友城建设。精准对接阆苍南对外开放需要，加大结好力度，优化友城布局，重点拓展日韩、澳新、欧美、非洲和"一带一路"沿线及金砖国家友城，扩大阆苍南国际"朋友圈"。借助"一带一路"四川国际友城大会等活动平台，务实推进友城合作项目，促进人员往来、经贸合作。

第 10 章　创新一体化发展机制*

长期以来，阆苍南一体化发展受到行政分割影响，要素资源的空间配置有待优化，产业发展存在直接竞争，政府行政成本高筑。要真正实现阆苍南一体化发展，就必须在体制机制方面实现关键突破。从协同一体的角度出发，积极联合争取国家部委、四川省对阆苍南一体化的政策支持，争取更多的国家级试点示范政策，以制度改革、创新和协调，消除行政边界的分割障碍，以市场的竞相开放和充分竞争，促进要素优化配置和融合发展。

10.1　取长补短，推动既有试点互享互鉴

目前，南充、广元两市以及阆中、苍溪、南部三县（市）各自在国家级、省级层面获得了多个试点示范（表10-1），享有相应的先行先试权限和政策、资金支持。阆苍南可积极探索实现共享试点红利的有效机制。

表 10-1　阆中、南部、苍溪主要试点示范名称及等级

	国家级试点	省级试点	市级试点	其他
南充市	国家现代农业示范区（第一批）、国家农业改革与建设试点示范区（全省唯一）、国家知识产权试点（全国12个，全省唯一）、国家信息消费试点（首批）	促进科技与金融结合特色试点（全省首批）、绿色金融创新试点	统筹城乡试点、统筹城乡产权融资试点（农村集体建设用地使用权、土地承包经营权、房屋所有权和林权抵押融资试点）、垃圾分类试点	

---

* 本章作者：王雪娇。

续表

	国家级试点	省级试点	市级试点	其他
阆中市	新型城镇化综合改革试点、新型城镇化标准化试点（全国首批，已通过验收）、中心城区基础设施投融资体制改革试点、全国休闲农业和乡村旅游示范县、新时代文明实践中心（第二批）	省级全域旅游示范区认定（首批）、阆中工业集中区：省级知识产权试点园区（南充首个）、农村集体资产股份合作制改革试点、绿色食品质量安全追溯体系建设	统筹城乡试点、统筹城乡产权融资试点、垃圾分类试点	联合国：国际可持续发展试点
南部县	全国中小城市综合改革试点（已结束）、生态文明示范工程试点县、全国国土绿化先进县	扩权强县试点县（首批）、乡村振兴试点、江河湖库连通项目试点（全省4个之一）、工业强县示范县（第二批）、乡村规划试点	统筹城乡试点、统筹城乡产权融资试点	工信部定点帮扶县
广元市	国家低碳城市试点（全省唯一）、气候适应型城市建设试点（首批）、国家全域旅游示范区创建（第二批）、2018年度农村集体产权制度改革试点	川渝合作示范城市、嘉陵江流域国家生态文明先行示范区、绿色金融创新试点、教育体制机制改革试点	供销合作社系统综合改革试点、乡村治理改革试点	
苍溪县	国家级生态示范区、国家农村产业融合发展示范园（首批）、农村集体资产股份合作制改革试点、农村产权抵押融资试点、2019年数字农业试点县（全国10个数字农业试点之一，全市唯一）、电商扶贫试点、全国实施农村小康环保行动计划试点	城乡融合发展综合改革试点、农村"两权"抵押贷款试点、"政担银企户"财金互动扶贫试点、扶持村级集体经济发展试点县、秸秆全域综合利用试点（第二批）	2019年县级农业科技示范基地	

10.1.1 分类推进改革试点的政策互通与经验共享

1. 对具有基础性、支撑性的重大制度改革试点，争取尽快总结成果经验

这些试点包括：全国中小城市综合改革试点（南部），省级城乡融合发展综合改革试点（苍溪）和国家级生态示范区（苍溪）等。及时总结提炼成功经验，形成可复制、可推广的改革试点制度性成果，通过高规格的经验交流会、参观互访

活动等方式,提高试点影响力与知名度,进一步吸引要素集聚、凝聚发展共识。

2. 对关联度高、互为条件的改革试点,探索统筹协调推进

这些试点包括:国家低碳城市试点(广元)、嘉陵江流域国家生态文明先行示范区(广元)、国家级生态示范区(苍溪)、生态文明示范工程试点县(南部)和省级江河湖库联通项目试点(南部);全国休闲农业和乡村旅游示范县(阆中),省级全域旅游示范区(阆中),国家全域旅游示范区(广元)和国家农村产业融合发展示范园(苍溪);国家现代农业示范区(南充),国家农业改革与建设试点示范区(南充)和数字农业试点县(苍溪);国家知识产权试点(南充)和省级知识产权试点园区(阆中)。要加强这些关联度高、互为条件的改革试点工作统筹,分析各个改革试点的目的及内在联系,协调推进,有效结合,以更好发挥改革试点效果。

3. 对领域相近、功能互补的改革试点,探索开展综合配套试点,推动系统集成

以城乡融合发展综合改革试验区、新型城镇化综合试点、国家生态示范区等各类国家级示范区、试验区为统揽,将包括但不限于以下这些省部级、市级相关综合及专项试点纳入国家级试点示范框架下集成开展。这些试点包括:农村集体资产股份合作制改革试点(阆中、苍溪)、农村集体产权制度改革试点(广元),省级乡村振兴试点(南部)、省级农村"两权"抵押贷款试点(苍溪)和扶持村级集体经济发展试点县(苍溪)。同时,鼓励示范区、试验区内符合条件的地区开展、建立、设立更多有关试点。

4. 对已结束、已成功验收的试点,推动经验互鉴共享

及时总结形成具有复制推广价值的成功做法与经验,在阆苍南内部率先实现共享。推动政策延伸互享,推进三县(市)试点经验相互推广、借鉴,最大化发挥各类试点、政策的作用。

如阆中市国家新型城镇化综合试点,在全方位完善农业转移人口市民化保障机制、探索建立具有阆中特色的新型城镇化标准化体系、建立多元可持续的投融资体制、以文化旅游驱动城镇化的特色发展之路等方面形成了一系列宝贵经验,可供南部县、苍溪县借鉴、实施和推广。

10.1.2 尝试将部分市县试点改革拓展至三县（市）范围

1. 工信部长期定点帮扶

1994年，工信部落实《国家八七扶贫攻坚计划》，实施对南部县的定点帮扶。作为定点帮扶县，南部县享受包括国家技改扶持政策在内的多项优惠政策，可以获得工信部在技改等方面的专项资金补助，在基础设施、工业发展、教育服务等领域的脱贫都得到了大力扶持，不少企业可以享受新三板"绿色通道"。

伴随阆苍南一体化不断推进，阆中、苍溪可积极争取相关政策在本地落地，联合申请技改政策、专项资金、绿色通道。在三县（市）联合招商引资过程中进一步突出这一优势，提升区域招商吸引力，并率先在满福坝片区、江东片区、百利片区落地。

专栏10-1　工信部对南部县26年来定点帮扶

在工信部26年帮扶下，南部县逐步解决了温饱、逐步摆脱了贫困、逐步奔向小康。在过程中，工信部对南部县实施了许多优惠与扶持举措。一是实施基础扶贫，从1997年建设升钟镇至马龙庙第一条村道公路开始，工信部累计支持南部县交通建设项目21个，帮助全县100%的乡镇和100%的村通上水泥公路。二是实施工业扶贫，从1997年支持南部县第一个工业技改项目开始，永生化工、金泰纺织、三鑫南蕾等20余户工业企业先后获得国省工业发展资金支持近5000万元，为南部发展注入了强劲动力。三是推动教育扶贫，从1996年建立第一所希望小学开始，工信部先后投入援助资金1285万元，建成6所希望小学，帮助1.2万名学生完成大专以上学业。

南部县脱贫摘帽以后，工信部坚持"摘帽不摘责任、摘帽不摘政策、摘帽不摘帮扶、摘帽不摘监管"。2018年，工信部将南部县产业振兴纳入《国家工信部脱贫攻坚三年计划》，出台了一揽子支持南部产业发展的优惠政策。在工信部的特殊关怀下，南部工业园区成功创建为省级经济开发区，并作为工信部定点帮扶工业园。凭借这两块金字招牌，南部经济开发区迅速成为了创业的热土、投资的洼地。

2019年底，工信部、成都第29电子研究所等部门援建的"南部县农村信息化平台"正式开通。在工信部的大力支持下，给南部县落实项目经费100万元，试点在长坪、铁鞭、大王3个乡镇建设农村综合信息服务平台"汇农网"。项目由成都第29电子研究所开展"农村综合信息服务平台建设"。项目遵循"政府主导、社会参与、整合资源、共建共享"的原则，坚持做到"一处固定场所、一套信息设备、一名信息员、一套管理制度、一个长效机制"的"五个一"。整个服务平台包括公共服务、信息咨询服务、培训服务、文化娱乐和各项代理服务等，有助于根据本地实际和社会发展的现实需求，为农民提供政策法规、科技咨询和辅导，以及市场价格、生产经营、疫病防治、致富就业等各类信息的查询、收集和发布等。

资料来源：https://www.sohu.com/a/299003598_120056278；http://www.nb0817.com/article/article_14212.html

2. 双城经济圈县域集成改革试点

2020年7月，四川省委全面深化改革委员会审议通过《成渝地区双城经济圈建设县域集成改革试点方案》（以下简称《试点方案》），南部县入选首批试点名单。试点县（市）是成渝地区双城经济圈建设改革破题的重要载体，在基础设施互联互通、现代产业发展、协同创新发展、优化国土空间布局、生态环境共保联治、公共服务共建共享、城乡融合发展和基层治理等方面体制机制上进行一系列改革探索。

《试点方案》要求，每个试点县（市、区）将明确一项牵引性改革作为重点，配套相关改革措施，做到集成中有重点、重点中有协同，试点期限到2025年，为推动县域深度融入成渝地区双城经济圈建设探索路径、积累经验、作出示范。四川省将强化对试点县（市、区）的政策支持，省级经济社会方面的计划下达、指标分配等，凡安排到市（州）且符合单独下达条件的，试行扩大安排到试点县（市、区）；省级权限范围内的改革事项，试点县（市、区）均可开展；省级部署改革试点，优先考虑试点县（市、区）。

应着力加快南部县改革创新探索，并尝试将试点改革在阆苍南打通，使三县（市）进入成渝地区双城经济圈改革视野，共同开展以乡镇行政区划和村级建制调整改革"后半篇"文章为重点的体制机制改革，推动乡镇发展体系建设，优化产业布局，提升公共服务水平和基层治理能力，为全省乡村振兴和县域发展提供更多可复制、可推广的改革成果，推动阆苍南一体化发展，打造成渝地区双城经济圈建设改革破题的先锋和典范。

10.2 通力合作，争取更多试点示范政策

争取更多试点示范，不仅对阆苍南一体化发展和三县（市）各自的发展意义重大，同时也是推进政府治理能力和治理体系现代化的重要探索和实践。试点示范是中央改革实践机制的重要形式之一，实践的形式多种多样，采用的形式取决于中央的战略需要及对中央的功效如何，是一种对地方发展权的选择性控制，因此，阆苍南在下一步争取更多试点示范，应着重从立足国家战略需要、重点领域改革功效及向其他地区推广价值等几个重要方面入手。

立足阆苍南发展特点与未来战略方向，三县（市）要从协同一体的角度出发，积极联合争取国家部委、四川省对阆苍南一体化的政策支持，争取更多的国家级试点示范政策，及时抓住时代机遇。其中，重点集中力量努力争取高度符合如区域协调、城乡融合、生态文明、乡村振兴等国家战略导向的试点示范，积极争取与国家战略可能不直接相关但阆苍南可以做出亮点或率先探索出先进经验、对其他类似地区具有较高借鉴价值的试点示范，主动争取阆苍南自身发展迫切需要的其他试点示范。

10.2.1 协同争取创建国家城乡融合发展试验区

1. 试点申请的可操作性

2019年12月19日，国家发展改革委、中央农村工作领导小组办公室、农业农村部、公安部等十八部门联合印发《国家城乡融合发展试验区改革方案》，并公布11个（首批）国家城乡融合发展试验区名单，四川成都西部片区［共8个县（市、区）］入选。

首先，阆苍南一体化与本轮改革方向与重点高度契合，协同争取符合政策精神与战略导向。区域协同是本次改革的重要议题和重点方向。根据《国家城乡融合发展试验区改革方案》，改革要求"坚持重点突破、强化协同，要求试验区既要各有侧重、扭住关键，从本地实际出发，兼顾改革基础和发展亟需，探索针对

性原创性差异化的改革路径和方式；又要系统谋划、强化协同，推进各项改革相互配套，为城乡融合发展提供全方位制度供给"。从11个首批试验区名单也可以看出，跨行政区边界的交界地区备受青睐。阆苍南地处南充、广元两个地级市接合地区，区域协同发展有基础、有特色，协同推进力度大，典型示范价值高，与改革的战略导向高度契合。

专栏10-2　第一批国家城乡融合发展试验区

11个国家城乡融合发展试验区名单，分别是浙江嘉湖片区、福建福州东部片区、广东广清接合片区、江苏宁锡常接合片区、山东济青局部片区、河南许昌、江西鹰潭、四川成都西部片区、重庆西部片区、陕西西咸接合片区、吉林长吉接合片区。在这11个试验区中，跨行政区边界的接合地区多达6个，超过50%，具体包括浙江嘉湖片区、广东广清接合片区、江苏宁锡常接合片区、山东济青局部片区、陕西西咸接合片区、吉林长吉接合片区。

试验区聚焦11个方面深入探索、先行先试，包括建立城乡有序流动的人口迁徙制度，建立进城落户农民依法自愿有偿转让退出农村权益制度，建立农村集体经营性建设用地入市制度，完善农村产权抵押担保权能，建立科技成果入乡转化机制，搭建城中村改造合作平台，搭建城乡产业协同发展平台，建立生态产品价值实现机制，建立城乡基础设施一体化发展体制机制，建立城乡基本公共服务均等化发展体制机制，健全农民持续增收体制机制。

根据《国家城乡融合发展试验区改革方案》，试验目标是：2022~2025年，试验区实现城乡生产要素双向自由流动的制度性通道基本打通，城乡有序流动的人口迁徙制度基本建立，城乡统一的建设用地市场全面形成，城乡普惠的金融服务体系基本建成，农村产权保护交易制度基本建立，农民持续增收体制机制更加完善，城乡发展差距和居民生活水平差距明显缩小。试验区的引领示范带动效应充分释放，形成一批可复制可推广的典型经验和体制机制改革措施。

资料来源：http://www.gov.cn/xinwen/2019-12/28/content_5464649.htm

其次，阆苍南能够满足试验对象筛选要求，协同争取可行可操作。根据《国家城乡融合发展试验区改革方案》的要求，试验对象应具有较好的发展改革基础、较强的试验意愿和地方政策保障；应在前期已开展自发性改革探索工作，或已开展全国统筹城乡综合配套改革试验区、农村土地制度改革三项试点、农村改革试验区、农村"两权"抵押贷款试点、国家现代农业示范区、国家农村产业融合发展示范园、国家全域旅游示范区等工作；超大特大城市和Ⅰ型大城市试验范围为市郊的部分连片区县，Ⅱ型大城市和中小城市试验范围为全域。阆苍南具备较好的发展改革基础和较强的试验意愿，且已开展国家现代农业示范区（南充）、国家农村产业融合发展示范园（苍溪）、国家全域旅游示范区（广元）、四川省城乡融合发展综合改革试点（苍溪）、四川省农村"两权"抵押贷款试点（苍溪）等工作。根据当前南充、广元城市等级规模，积极争取南充、广元两市支持，推动以两市全域范围为试验对象，联合争取创建国家城乡融合发展试验区。

2. 试点政策核心亮点

试验区改革力度与政策支持力度非常大，协同争取将获得多方面利好。《国家城乡融合发展试验区改革方案》要求各地区为试验区改革提供有力有效的激励性政策保障，包括改革授权、财力保障、金融支持、政策集成等，如中央预算内投资中设立城乡融合发展专项资金、发行省级债券用于典型项目以分担试验区的前期成本、加强财政转移支付、加大金融贷款投放规模和力度，省内相关其他试点要优先支持试验区、分配新增建设用地指标要倾斜支持试验区等。

同时，试验区将在多个领域被赋权大力推进体制机制破旧立新，包括但不限于建立城乡有序流动的人口迁徙制度、建立进城落户农民依法自愿有偿转让退出农村权益制度、建立农村集体经营性建设用地入市制度、完善农村产权抵押担保权能、建立科技成果入乡转化机制、搭建城中村改造合作平台、搭建城乡产业协同发展平台、建立生态产品价值实现机制、建立城乡基础设施一体化发展体制机制、建立城乡基本公共服务均等化发展体制机制、健全农民持续增收体制机制等各个领域。

3. 试点申请的重点方向

在四川省层面，城乡融合发展综合改革试点已有相应探索。2018年5月，四川省农业和农村体制改革专项小组印发《关于开展城乡融合发展综合改革试点的指导意见》，开展省级城乡融合发展综合改革试点。试点工作实行市县联动试点，共同负责，争取用3年时间，形成乡村振兴的整体打法，为全省面上建立健全城乡融合发展体制机制和政策体系探索经验提供实践支撑。目前，广元市苍溪县已经是首批30个试点县之一。

下一步，阆苍南在申请国家城乡融合发展试验区的同时，也应兼顾积极争取省级层面的有关试点试验。对于阆苍南这样的县级单元一体化接连片区，申请四川省一级的试点难度会更低、更具可操作性。随着国家城乡融合发展试验区改革方案的出台，各省也会相继出台有关配套实施方案以及相应的省级改革试点，阆苍南应把握机会、积极争取。

10.2.2 积极争取农村一二三产业融合发展试点示范

1. 试点申请的可操作性

根据《国务院办公厅关于推进农村一二三产业融合发展的指导意见》（国办发〔2015〕93号）精神，国家发展和改革委员会农村经济司制定了《农村产业融合发展试点示范实施方案》，在全国范围内组织实施农村产业融合发展"百县千乡万村"试点示范工程。各地积极探索，大胆创新，摸索出多种农村一二三产业融合发展模式，取得了积极进展和显著成效。在这一批改革尝试中，多地已经形成了不少成功做法与重要经验，可供阆苍南借鉴和应用。

试点示范县的基本条件包括：一是县（市、区）政府高度重视农村产业融合发展工作，有开展试点示范建设的积极意愿，地方已出台相应政策措施，发展农产品加工、乡村旅游、休闲农业、农民创业创新具备一定基础。二是县域经济范围内以农业农村为基本依托，现代生产经营方式广泛应用，农村一二三产业已经呈现出融合发展趋势。三是新型农业经营主体不断壮大，在探索多种形式利益联结机制方面已有较好基础。阆苍南在农村产业融合发展方面已经有了许多探索，苍溪县农业发展特色与优势突出，阆中旅游产业发展蒸蒸日上，农村一二三产业已经呈现出较强的融合发展态势，在农产品加工、乡村旅游、休闲农业等方面都具有较好的发展基础，同时在现代生产经营方式、多形式利益联结机制方面也做了一些探索。因此，阆苍南申请该试点有特色、有亮点、有需求，优势较强。

在具体分类中，阆苍南可求同存异，在三县（市）探索差异化的试点类型。例如苍溪县农业发展基础较好，可申请农业内部融合型试点和新技术渗透型试点；南部县工业基础雄厚，可申请产业链延伸型试点；阆中旅游产业优势突出，可申请功能拓展型、多业态复合型、产城融合型试点。

专栏10-3　农村产业融合发展试点示范县的分类与标准

为避免试点示范县类型过于单一或雷同，《农村产业融合发展试点示范实施方案》将试点示范县共分为6种类型。各省（区、市）要结合本地实际，充分挖掘地域特色，尽可能选择不同类型的县（市、区）进行试点示范，每种类型最多选择1个，并在试点示范实施方案中明确。

一是农业内部融合型。以农牧结合、农林结合、循环发展为导向调整优化农业种植养殖结构，无公害、绿色、有机农产品和地理标志农产品比例高，农业废弃物综合利用水平高，实现经济效益和生态保护实现统一，种养结合等循环农业、生态农业发展形成规模，在全国具有较高知名度和影响力，有力地促进当地产业发展和农民增收。

二是产业链延伸型。农业向后延伸或者农产品加工业、农业生产生活服务业向农业延伸，促进农业产业链各环节紧密结合，提高农产品附加值。通过农业产业化龙头企业和农产品加工领军企业带动农产品加工原料基地建设，发展农业规模经营；支持农民合作社和家庭农场发展农产品加工和农产品直销等。

三是功能拓展型。农业通过与其他产业的功能互补，赋予农业新的附加功能。如农业与旅游业、文化创意产业、能源工业等相结合衍生出的休闲农业或乡村旅游、创意农业和能源农业等新业态项目。

四是新技术渗透型。技术密集或信息化程度高，农产品生产、交易和农业融资方式先进。例如，信息技术、物联网技术等新技术在农业中的应用，产生的涉农电子商务、农业互联网金融、智慧农业等项目。

> 五是多业态复合型。同时兼有上述四种类型或者融合其中几个类型，一般以龙头企业为主要投资主体，农业资源集约利用程度高、产业链条完整、农业多功能性明显、示范带动作用较强。
>
> 六是产城融合型。农村产业融合与新型城镇化联动发展，县域内城乡产业布局规划合理，二三产业在中心城区、重点乡镇及产业园区等集聚度较高，较好发挥对人口集聚和城镇建设的带动作用，形成了一批农产品加工、商贸物流、休闲旅游等专业特色小城镇。
>
> 资料来源：http://www.moa.gov.cn/ztzl/scw/zcfgnc/201611/t20161129_5381143.htm

2. 试点政策核心亮点

财政资金支持方面，中央财政专项安排试点资金支持开展农村一二三产业融合发展试点工作。中央财政在现有资金渠道内安排一部分资金支持农村产业融合发展试点，中央预算内投资、农业综合开发资金等向农村产业融合发展项目倾斜。支持地方扩大农产品加工企业进项税额核定扣除试点行业范围，完善农产品初加工所得税优惠目录。

土地制度改革方面，地方人民政府可探索制订发布本行政区域内农用地基准地价，为农户土地入股或流转提供参考依据。推进粮食生产规模经营主体营销贷款试点，稳妥有序开展农村承包土地的经营权、农民住房财产权抵押贷款试点。

虽然试点目标年为2020年，但推进农村一二三产业融合发展未曾停下脚步，相关工作仍在持续深入推进中，本轮试点形成的成功做法与重要经验也将在更大的范围内进行复制推广。该项试点到期的后续，将以"国家农村产业融合发展示范园"的形式进一步推进，2019年认证的首批国家农村产业融合发展示范园是一个开始。

根据《关于印发首批国家农村产业融合发展示范园名单的通知》（发改农经〔2019〕245号），要对示范园用地在年度土地利用计划安排上予以倾斜支持，依法依规办理用地手续，鼓励按照国家有关规定，通过城乡建设用地增减挂钩、工矿废弃地复垦利用、依法利用存量建设用地等途径，多渠道保障示范园用地。支持示范园入园农业产业化龙头企业，优先申报发行农村产业融合发展专项企业债券，支持入园小微企业以增信集合债券形式发行农村产业融合发展专项企业债券。

3. 试点申请的重点方向

未来阆苍南应充分借鉴上一轮试点在模式创新、主体培育、构建利益联结机制、促进农民增收和乡村振兴等方面的成功做法和典型经验，同时，立足特色农业优势和三县（市）既有的农业、新型城镇化等相关改革试点政策优势，依托苍溪已获批复的国家农村产业融合发展示范园，争创农村一二三产业融合发展先导区，打造农业全产业链开发创新示范区，并积极争取基于区域协同发展框架下的农村一二三产业融合发展试点试验政策。

10.2.3 积极争取生态保护和生态旅游类试点

2011年，在国家发展改革委、财政部、环境保护部等有关部委支持下，中国首个跨省流域横向生态补偿机制试点在安徽新安江流域启动实施，并取得了显著成效。国务院办公厅印发《关于健全生态保护补偿机制的意见》（国办发〔2016〕31号）提出分领域、分区域，跨地区、跨流域开展补偿试点，建立生态保护补偿制度体系。2019年11月国家发展改革委印发《生态综合补偿试点方案》，明确以完善生态保护补偿机制为重点，以提高生态补偿资金使用整体效益为核心，在全国选择一批试点县开展生态综合补偿工作。试点任务包括创新森林生态效益补偿制度，推进建立流域上下游生态补偿制度，发展生态优势特色产业，推动生态保护补偿工作制度化等。四川省阿坝州的汶川县、若尔盖县、红原县和甘孜州的白玉县和色达县入选。

阆苍南应立足嘉陵江流域及长江流域，建立健全革命老区森林、耕地、水流、草原、湿地等重点领域生态补偿机制，重点探索建立上下游生态补偿机制。一是要积极争取跨省流域横向生态补偿机制试点，探索与重庆等嘉陵江下游地区建立横向补偿关系；二是结合《四川省流域横向生态保护补偿奖励政策实施方案》《嘉陵江流域横向生态保护补偿协议》《嘉陵江流域横向生态保护补偿实施方案》有关规定，积极联合省内其他相关地区共同协商建立流域横向生态保护补偿机制，强化嘉陵江流域保护与治理，争取获得省内资金奖励，建设嘉陵江中上游生态保护示范区；三是可探索抱团主动争取下一轮国家生态综合补偿试点，并建立三县（市）之间利益分享机制，争取在建立流域上下游生态补偿制度、发展生态优势特色产业等重点任务领域做出亮点。

积极争取国家生态旅游示范区、省级生态文明建设试点等试点示范，推动生态优势转化为政策优势。积极争创四川省生态旅游示范区、国家生态旅游示范区，其中，争创国家生态旅游示范区，可围绕人文生态型、山地型、森林型等三种类型重点发力，以统筹人与自然和谐为准则，依托阆苍南良好的自然生态环境和独特的人文生态系统，充分挖掘阆苍南比较优势，采取生态友好方式，开展生态体验、生态教育、生态认知等旅游活动，加快推动生态资源与农商文旅体融合发展，促进生态价值创造性转化。

10.2.4 探索争取革命老区振兴与乡村振兴相关改革试点

积极开展革命老区振兴发展试点示范。伴随四川省人民政府2021年8月颁布《四川省人民政府关于新时代支持革命老区振兴发展的实施意见》（川府发〔2021〕17号），阆苍南作为四川省革命老区迎来重大政策利好，应抓住省级层面强化易地扶贫搬迁后续帮扶、加大以工代赈支持力度、在革命老区县开展百亿主导产业培育行动的重要契机，积极融入革命老区振兴发展。结合阆中打造革命老区振兴发展示范县为契机，积极探索毗邻革命老区振兴发展试点示范新模式，在产业、医养、红色文化传承方面着力，打造川东北革命老区振兴引领区。阆苍南可抱团积极争取东部产业转移示范区、川渝合作平台、农村产业融合发展园区、省级现代农业园区以及现代农业烘干冷链物流试点县的批准和建设；用好省级层面重点公益性项目扶持资金，加快基础设施与公共服务设施改造提升、革命老区红色文化保护传承；抓住省级文化和旅游发展资金给予重点支持的重要契机，加快发展红色文化旅游，抓紧认证一批绿色食品、标志和有机农产品，推进农村产业发展配套基础设施和易地扶贫搬迁集中安置区（点）"致富车间"等产业平台建设。

探索旅游、天然气资源等资源开发资产收益巩固脱贫改革试点。积极到省部层面争取试点，请省部允许并深度指导阆苍南进行改革探索。阆苍南地区天然气资源富集，用好四川省支持在革命老区积极推广页岩气开发利益共享机制的政策，按照"资源开发红利更多留存地方"的改革思路，可争取中央企业与阆苍南本地组建合资公司开发新区块，并协调天然气销售环节税收就地缴纳，缓解本地财政收支压力。

积极探索旅游赋能乡村振兴的有关试点。围绕界定入股资产范围、明确入股受益主体、合理设置股权、完善收益分配、加强股权管理和风险防控等重点任务，探索建立集体股权参与项目分红的资产收益巩固脱贫长效机制，形成可复制、可推广的操作模式，走出一条资源开发和乡村振兴有机结合的新路子。

10.2.5 积极争取让阆苍南能发挥优势长板效应的试点示范

争创川港澳文旅合作先行示范，共同打造文化旅游融合发展共同体；积极争取阆苍南特色产品（蔬菜、水果、文旅产品等）直供港澳试点。依托阆苍南丰富、独特且突出的文化及旅游资源，争取国家文化产业和旅游产业融合发展示范区、全国乡村旅游和休闲农业示范区、高质量发展乡村振兴示范区。努力建设国家生态文明先行示范区，探索开展生态资源资产核算和产权制度改革试点，促进生态文明建设走在全国同类县（市、区）前列。依托温州、台州等对口帮扶地区，积极对接民间投资意向，开展产业帮扶、民生帮扶，汲取台州作为被国务院通报表扬的国家民间投资创新综合改革试点的先进成功经验，结合港澳民间资本资源，积极争取将阆苍南纳入这一试点扩大范围。

10.2.6 主动争取城市规划建设与城镇建设领域的国家级试点

积极争取提升城镇综合承载能力的有关建设试点。抢抓四川省支持革命老区振兴发展的重要机遇，强化县城实施城镇化补短板强弱项行动，推进城镇老旧小区改造，打造一批国家级、省级重点镇，做大做强中心镇，培育发展特大镇，积极争取省级特色小镇创建。

主动争取"城市双修"、智慧城市、海绵城市、城市设计等城市规划建设领域的相关试点，针对目前已有的城市地下综合管廊、全域旅游示范区、知识产权、信息消费、数字农业等试点示范，推动各自形成的成功经验在阆苍南共享和推广。

争取公园城市试点。四川省发布的《关于开展公园城市建设试点的通知》指出，将在成都市以外的市（州）再遴选3~4个城市、6~7个中心城区开展公园城市建设试点。阆苍南可积极争取相关试点。

10.3 率先探索，创建协同发展合作示范区

综合考虑三县（市）发展基础与未来发展战略方向，结合空间利用现状与资源分布，未来三县（市）一体化发展可率先在江东片区、百利片区及满福坝

片区创建协同发展合作示范区，形成"一区三园"发展格局。打破行政归属边界藩篱，依托协同发展合作示范区打造省级发展平台，如省级全域旅游示范区、成渝合作示范区、嘉陵江流域国家生态文明先行示范区、城乡融合发展综合改革试点等；未来打造国家级平台，如创建国家旅游休闲区、国家农村产业融合发展示范区等。

通过统一规划、运作和协商，构建发展目标共识，确保交通线路连通、资源共同利用、生态环境共同保护等事项有效落实。建立统一的市场制度，促进产业链和价值链异地组织，资源流动和配置更加符合市场规律，将三县（市）培育成规模更为强大、资源利用更为高效的经济共同体。

10.3.1 成本风险共担，利益共创共享

1. 达成利益分享共识

一种方式是彼此在各自的园区建立飞地，且不再停留在单纯的"利益分配机制"层面，而是对飞地在发展目标、产业兼容、收益分割、风险与合作结构模式之间的相互关系进行整体性的制度安排（图10-1）（冯云廷，2013）。项目落地应符合飞地所在园区的发展定位与重点方向，尽量与本地产业发展相兼容，建立飞地与所在园区所属行政区之间收益分配共识，对投资、风险及其他额外成本进行权衡后建立合作契约安排。

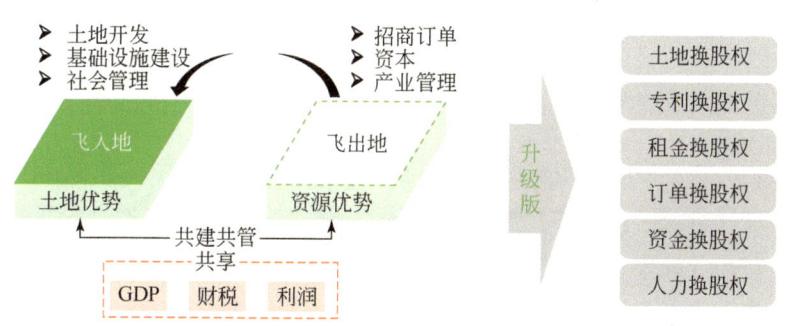

图 10-1 "升级版"飞地模式示意图

另一种方式是三县（市）共同开发"一区三园"的每个园区，例如在百利片区，由三县（市）分别出资入股共同参与建设，分配招商引资任务，共商经济效益增量利益分享比例。依托协同发展合作示范区，三县（市）合作共建

区域股份合作制试验区，将其中可供开发的土地总量、存量税收、重大基础设施投入等经济要素，综合计算为三县（市）所占的股份比例，作为分配区域利益和统计数据的依据。建设之初应保证对合作区的利益返还比例保持在较高水平。

2. 完善考核机制

改革创新当前政绩考核体系和干部考核制度。在合作示范区重点部门的有关人员考核体系中，针对区域重大管理问题建立具有阆苍南特色的考核指标，形成"一体化建设"干部考核指标，例如引入成渝企业数量、嘉陵江流域生态空间保有率、嘉陵江治污专项资金及财政拨款数等。

10.3.2 加快开放合作，打造三县（市）对外开放重要窗口

依托"一区三园"率先打造川港澳文旅合作先行区、东部地区产业对口帮扶试验区。依托与港澳地区、浙江温州和台州等地区共建合作平台，积极开展各种投资促进活动。

充分融合川港澳三县（市）文化积淀，发挥开放包容、兼收并蓄的特质，在遵循产业发展规律和企业自愿的前提下，促进旅游相关要素和产业向示范区集聚；积极举办文化旅游节庆赛事等活动，加大品牌营销力度，实现整体打造。远期，推动对外文化和旅游交流活动逐渐向全域化、品牌化、机制化方向发展，推动形成全方位对外开放新格局，大力提升对外交往水平。

10.3.3 共建成渝文创飞地、科创飞地

充分借力成渝双城文化创意资源与产业基础，发挥阆中文化旅游特色与优势，吸引文化创意企业入驻，探索在线办公、长租短借、周末通勤等柔性人才共享模式，打造成渝文化创意产业飞地。

充分发挥南部与成渝汽摩配套企业长期合作的历史优势，探索阆苍南特色合作模式，深化与成都郫都区、重庆江津区等地在产业协同、人才交流、技术合作和科技成果转化应用等方面的协作，加强阆苍南产业园区与江津工业园区、综合保税区等园区的对接交流，共建科研成果转化基地，将阆苍南打造为成渝地区双城经济圈中产业配套聚集地。

借力南充市高坪区打造军民融合产业园，结合苍溪县打造中医药大健康产业

等诉求,积极对接、主动融入成德绵国家科技成果转移转化示范区,结合优势促进产业转型升级,打造成渝科技创新飞地。

专栏 10-4　成德绵国家科技成果转移转化示范区

2018年,四川省建设成德绵国家科技成果转移转化示范区(以下简称示范区)获批。示范区建设依托成都国家自主创新示范区和德阳、绵阳国家高新技术产业开发区等现有创新平台,形成政策叠加效应和工作合力。突出军民融合科技成果转移转化、职务发明科技成果产权改革试点、国家新药创制等重大专项成果转移转化、专业化技术转移人才队伍培养、市场化技术转移机构培育、科技成果转移转化服务生态系统建设等重点任务,发挥好示范区对中西部地区的辐射引领作用,以科技创新更好支撑西部大开发战略深入实施。

资料来源:https://www.sohu.com/a/232090033_472898

---

1. 构建区域文创合作机制

引入成渝双城文化创意产业高端团队,联合开发阆苍南文化创意产品,培育文化创意产业飞地,推动阆苍南与成渝双城文化产业协同发展。吸引包括成渝双城、港澳台在内的各地优秀文化创意成果和杰出人才,打造创意的栖息地、艺术家的乐土、文化创意旅游新高地。

2. 联合建设科技资源共享服务平台

推动科技资源共享开放。突破行政区划和部门界限,实现信息、资源、成果共享,为科技服务机构及区域内产业链提供全覆盖、多层次的科技服务。由阆中牵头建设阆苍南科技资源共享服务平台,鼓励共建科技研发和转化基地,围绕优势产业和重点领域开展跨区域项目合作,共建集教育、科技、技术转移转化与孵化等功能为一体的产业基地。

搭建对接平台。按照市场主导、政府引导的原则,引导阆苍南地方政府、各类社会主体推进新型研发机构建设。引导、组织行业龙头企业、科研机构共建产学研技术创新联盟,与成渝双城联合开展关键核心技术攻关。鼓励发展各类科技联盟组织，举办各类科技论坛、开展科技创新交流对接活动。

3. 营造有利于科技成果共享的良好体制环境

探索财政支持科技成果共享机制，发挥财政资金引导作用，强化政府在科技成果共享政策制定、平台建设、人才培养、公共服务等方面职能，营造有利于科技成果共享的良好环境。发挥科技中介机构作用，鼓励企业探索创新商业发展模式和科技成果产业化落地路径，加速重大科技成果转化应用和共享。

探索建立企业需求联合发布机制，推动科技成果与企业发展需求之间有效对接，通过研发合作、技术许可、技术转让、作价投资等多种形式，实现科技成果市场价值。

10.3.4 率先探索体制机制创新，释放土地资源活力

深化农村土地制度改革，落实第二轮土地承包到期后再延长30年政策，建立健全农村产权流转交易市场体系，积极推动农村宅基地"三权分置"、集体经营性建设用地入市、城乡建设用地增减挂钩、农村土地征用改革。

近年来，四川省促进县域经济发展的政策支持不断加强，根据2019年9月省委省政府出台的《关于推动县域经济高质量发展的指导意见》，年度用地计划将进一步向县域倾斜，允许各地在年度计划下达前按上一年下达计划的50%预安排使用。支持农村新产业新业态发展，年度建设用地计划指标按不低于8%比例单列安排予以保障；对利用存量建设用地发展农村二三产业的市、县，可给予新增建设用地计划指标奖励。阆苍南应积极用好以上政策，强化土地要素保障，同时争取纳入四川省国土空间规划专篇，纳入川东北经济区国土空间规划专章。

建立统一的土地利用管理平台，统筹用地计划与管控。坚持耕地保护和资源节约基本国策，落实供给侧改革的要求，三县（市）统筹新增建设用地计划、城乡建设用地增减挂钩计划、盘活存量建设用地计划，实行建设用地总量和强度双控。制定合理的土地供需计划，实行城乡建设用地增减挂钩指标跨市交易和抱团跨省交易。

立足旅游开发，推广土地制度创新。一是在探索农村闲置宅基地入市有效模式。2019年4月15日，中共中央、国务院印发实施的《关于建立健全城乡融合发展体制机制和政策体系的意见》明确，允许村集体在农民自愿前提下，依法把

有偿收回的闲置宅基地、废弃的集体公益性建设用地转变为集体经营性建设用地入市。国家发改委发布的《2020年新型城镇化建设和城乡融合发展重点任务》明确提出，要全面推开农村集体经营性建设用地直接入市。争取新一轮农村宅基地制度改革试点，阆苍南旅游开发对农村闲置宅基地和农村集体经营性建设用地的盘活需求很高，应尽快将此前率先开展土地制度改革创新的成功经验迅速在三县（市）推广复制，通过产权流转，实现农业旅游融合发展，激发乡村土地资源的市场活力，让三县（市）土地资源更高效地流动起来。二是探索宅基地"有偿"使用，推动农商文旅融合发展。通过宅基地产权流转，鼓励闲置农房改造成为文创院落、民宿等形式，引入特色手工业、咖啡馆酒吧、氧吧、健身吧等多元业态；引导村民发展创业，营造创新社区；引入高端乡村酒店管理团队，通过盈利收入与乡镇集体资产公司共享的模式，打造乡村旅游度假新体验，带动休闲农业与乡村旅游转型升级。三是探索实行重点旅游项目点状供地。目前广元市已被列入第二批国家全域旅游示范区创建名单，根据国家旅游局发布的《全域旅游示范区创建工作导则》（2017年6月），可探索点状供地；阆中市持续推进国家全域旅游示范区创建工作，2020年1月入选首批省级全域旅游示范区认定名单，具备点状供地改革的基础条件和强烈需求。2019年7月，四川省自然资源厅出台《关于规范实施"点状用地"助推乡村振兴的指导意见》，探索实施"点状供地"有了具体的政策支撑。未来阆中市、苍溪县应主动争取点状供地政策。同时，三县（市）应联合争取四川省级低丘缓坡土地利用试点，实现旅游重点项目供地模式突破。

专栏10-5 有关宅基地的最新政策

2020年6月30日，中央全面深化改革委员会第十四次会议，审议通过了《深化农村宅基地制度改革试点方案》。

会议指出，深化农村宅基地制度改革，要积极探索落实宅基地集体所有权、保障宅基地农户资格权和农民房屋财产权、适度放活宅基地和农民房屋使用权的具体路径和办法，坚决守住土地公有制性质不改变、耕地红线不突破、农民利益不受损这三条底线，实现好、维护好、发展好农民权益。

> 如何盘活闲置宅基地，主要有两种思路，一种是利用闲置住宅和宅基地，发展符合乡村特点的产业，比如休闲农业、乡村旅游、餐饮民宿、文化体验等产业。
>
> 另一种则是采取整理、复垦、复绿等方式，开展农村闲置宅基地整治，依法依规利用城乡建设用地增减挂钩、集体经营性建设用地入市等政策。
>
> 前者在城市化程度较高的地区，"逆城市化"现象比较突出的地区，需求比较明显。在北京等一些发达地区，由于盘活闲置宅基地的政策制定较早，市场需求较大，现在已经有闲置宅基地和农房的租赁产业出现。而像阆中、苍溪、南部这样的地区，一方面需要加快农村闲置宅基地整治，通过城乡建设用地增加挂钩、集体经营性建设用地入市等方式实现"有偿"退出、盘活闲置土地资源，另一方面，旅游发展是三县（市）一体化的重要议题，这部分市场导致对闲置住宅和宅基地的"有偿"使用体制创新也有较高需求，也是应重点关注的改革领域。

10.4 优化管理，降低政府行政成本

推动阆中、苍溪、南部一体化发展，打破行政边界藩篱、降低三县（市）行政协调合作成本是待解决的关键问题。合作成本由合作事务的生产成本和达成合作共识的交易成本组成，其中交易成本包括了治理增加、谈判协商、制度调整等成本。因此，真正实现阆苍南一体化发展的关键，在于体制机制的突破和创新。只有真正降低协调交易成本、建立有效的利益共享机制，全力拆墙，打破行政界限深度抱团，才能实现三县（市）实质性的合作。

10.4.1 优化行政管理的主要思路

以提升政府管理水平和效率、促进阆苍南合作为目标，降低政府行政与运营成本特别是人员成本、协调成本，可以从以下几个方面形成突破：

一是率先探索推动三县（市）部分职能部门在协同发展合作示范区设立分支机构，实行合署办公，在不增加人员的基础上，推动原有机构精简、人员压缩，降低行政成本。

二是结合协同发展合作示范区创建实行行政托管,在不增加人员编制的前提下成立管委会,成立地方平台公司或引入公司集团运营,推动经济区与行政区适度分离,构建以经济社会发展需求为导向的区域协调的机构管理机制。

三是通过跨行政区管理机构结对、原有机构改制为事业单位、机构挂靠等方式,将部分职能较弱的机构压缩为办事处或仅"对外保留牌子",进一步降低行政成本。

10.4.2 建立健全合署办公机制

阆苍南结合自身发展领域特长、实际发展特征及诉求、未来发展战略导向,优化合署办公机构设置,如发展和改革合署办公机构、文化旅游合署办公机构由阆中市牵头成立,工业和信息化合署办公机构由南部县牵头成立,农业农村合署办公机构由苍溪县牵头成立。

进一步创新集中办公的区域合作机制,发挥"合"的作用,负责研究提出阆苍南一体化发展在对应领域的重要议题、规划计划及政策措施,协调推动三地合作中的重大事项及重大项目,强化跨区域部门间的信息沟通、资源统筹和工作联动,完善"领导小组—协调机构—实施机构"三级联动协调机制。

进一步明确合并合署办公部门的职责与工作重点,明确事务处理流程,建立严格问责追责机制,确保人合心也合、人合事也合,与原部门形成边界清晰、协同合作、互动高效的协作机制。建议由地市层面统筹推动特定部门特定考核办法,形成有效绩效考核激励机制,强化人员在区域中的流动。

1. **发展和改革委合署办公:建立阆苍南区域协同发展领导小组及发展联盟**

截至目前,南充、广元两个地级市已签订《推动苍(溪)阆(中)南(部)协同发展合作协议》。阆苍南已签订阆(中)苍(溪)南(部)城市群一体化(住建)、规划一体化(自然资源)、交通一体化(交通运输)、旅游一体化(文旅)合作框架协议。成立了阆(中)苍(溪)南(部)一体化协同发展领导小组办公室,负责统筹推进阆苍南区域协同发展相关事宜。领导小组设组长2人,分别由广元市、南充市分管副市长担任;设副组长8人,分别由广元市、南充市发展改革委主任以及阆中市、苍溪县、南部县党委和政府主要负责同志担任;设成员若干人,分别由市县相关部门主要负责同志担任。领导小组下设办公室,从三县(市)抽调业务骨干在阆中市发展改革局集中办公,办公室主任由常务副县（市）长担任，办公室常务副主任由县（市）发展和改革局局长担任。

下一步，阆苍南可成立一体化发展联盟，负责三县（市）各具体领域协同发展的联系协调、相关事宜的具体执行等工作，并制定共同发展章程，进一步形成规范的对话与协商制度。实行重点项目专项推进制度，建立专题会议制度，专题会议的内容应包括涉及基础设施建设管理、资源利用与生态补偿、产业合作发展等领域，特别是包括重大项目管理、项目选址协调及批准等问题的讨论；并在跨政府间的联席会议的协议指导下制定，以确保不同层面的协议相统一。加强各市县党政主要领导定期互访、会晤，就三县（市）合作的重大问题进行研究与决策。探索建立区域公共治理合作机制，开展突发公共事件的市县合作应对的制度合作，覆盖自然灾害、事故灾难、公共卫生事件和社会安全事件等多个方面（图10-2）。

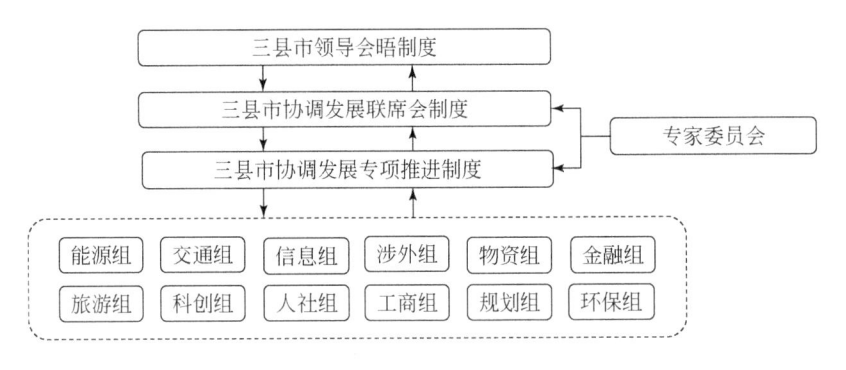

图 10-2 阆苍南一体化协调制度体系

2. 工业和信息化合署办公：成立产业推进小组办公室

依托南部县商务和经济信息化局，由阆中市商务和经济信息化局、苍溪县经济和信息化局分别抽调人马进驻办公，与相关科室合署办公，成立重点产业推进小组办公室。

3. 外事经贸合署办公：积极推进联合招商

依托阆中市经济合作和外事局，由南部县商务和经济信息化局、苍溪县商务和经济合作局分别抽调人马进驻办公，与相关科室合署办公。健全产业招商推进组工作制度，共建招商引资团队，健全利益分享机制，并严格遵守准入底线共识，避免恶性竞争。重点面向阆苍南现有特色产业和龙头企业的培育壮大及链条延伸开展招商引资，促进形成链条完整、体系健全、优势俱佳的产业集群。

4. 生态环保合署办公：力促流域上下游合作发展

成立阆中、苍溪、南部三县（市）生态环保合署办公机构，可选择设置在协同发展合作示范区，由三县（市）生态环保部门、自然资源部门、水务部门等机构抽调人员组成。

5. 自然资源和规划合署办公：建立健全规划对接机制

优先开展《阆苍南一体化国土空间规划专项规划》编制工作。参照《成渝地区双城经济区国土空间规划》模式启动《阆苍南一体化国土空间规划》编制工作，尽快开展专项规划研究，积极对接《四川省国土空间规划》和《川东北经济区国土空间规划》，实现三县（市）国土空间开发与保护的整体统筹。

加快构建三县（市）共建共享、信息互通的规划管理信息平台。按照统一标准建设规划管理平台，实现数据及时更新与共享。搭建阆苍南智慧城乡协同治理平台，运用大数据、云计算、视联网等现代信息技术，通过连接数据服务中心与各部门业务系统进行数据集成，达成规划精准对接、多方协作、市民共治的规划实施与社会治理新模式。

建立健全规划实施监测评估机制。定期向社会公布规划各项指标完成情况，不断提高社会参与度，并对实施中出现的问题进行及时反馈、修正与解决。

10.4.3 鼓励市场化行政托管

鼓励阆苍南政府委托或建立阆苍南一体化发展合作示范区管理委员会（简称管委会），将原属不同行政区的乡镇或特定区域的经济社会管理权限进行集中托管，从而推动经济增长和区域协调发展，并按照"一套人马两块牌子"的原则，确保在管委会成立过程中不增加人员编制。

管委会下成立城投等地方平台公司，推动示范区建设、运营和管理。探索与实力较强的国企、民企协作，实现整体开发、市场化运营管理、远期交付，以协同发展合作示范区为核心载体，打造成为国际一流文旅新城、产业新城样板示范。

政府与企业签订合作框架协议或约束合同，构建国有企业与开发区管委会合作方案，在开发区形成"政府+公司"双轨并行的市场化管理运营模式，在具体操作中突出强化公司的市场运作职能。随着开发规模的扩大，管委会不用增加人员编制，通过公司规模的不断发展壮大，逐步形成"小政府、大公司"的机制。远期，随着示范区建设趋于饱和，由开发主导转向运营主导，在"管委会+地方平台公司"模式下，政府可通过股权出让等方式逐步退出；在民企PPP模式下，实行按期验收与移交。

10.4.4 探索跨区结对机制

依托阆苍南领域特长，在现有文化旅游部门、商务和经济信息化、农业农村等相关部门基础上，探索三县（市）之间跨区域结对，打造跨区域协作升级版。例如，阆中市文化和旅游局与苍溪县文化旅游和体育局正在探索结对，未来应主动对接、主动回应、主动配合、主动落实，明确目标任务，细化工作措施，突出精准协作，推动阆中文化旅游优势资源与苍溪特色农业资源相互融通，推动结对协作深入、持续、有效。

10.5 健全市场一体化发展机制

10.5.1 加强政策性资金保障

积极争取金融贷款。充分结合国家级生态示范区、国家全域旅游示范区、国家城乡融合发展试验区、国家现代农业示范区、国家农业改革与建设试点示范区等国家级重要试点示范建设，争取更多政策性金融贷款。

设立阆苍南一体化发展基金。探索加强产业合作和共建共享基础设施的新模式，建立跨区域基础设施、生态环境建设的资金筹措机制。发挥政府财政、国有企业资金的引导作用，建议由三县（市）共同发起，积极争取省人民政府出资，设立阆苍南一体化协同发展投资基金作为政策性公益基金，由南充市、广元市及阆中市、苍溪县、南部县分别按投资规模分担出资比例，并通过公司制、合伙制、契约制等组织形式引进社会资本投入基金，努力争取国家开发银行、中国农业发展银行贷款和国家专项建设资金。明确基金使用和管理办法，委托专业基金管理机构管理运营基金，将资金投向经济社会发展重点领域和薄弱环节，重点支持合作示范区的基础设施建设、生态环境保护、战略性新兴产业和先进制造业等发展领域，通过用在"刀刃"上发挥出"四两拨千斤"的放大效应，发挥基金在推动三县（市）产业发展、基础设施建设、文旅融合提档升级等方面的积极作用，并建立健全基金收益分配机制。

大力争取专项债券资金。为实现阆苍南一体化区域高质量发展，建议联合推动争取省人民政府将阆苍南一体化建设中涉及的重大政府投资项目纳入重大项目储备库，同时列入省级重点项目清单，对符合专项债券资金投向领域的项目给予债券资金额度支持。

积极筹集项目建设资金。对一体化发展中涉及的重大市政基础设施、公用事业、农业和社会事业等项目建设，建议授权采用政府与社会资本合作模式（PPP模式），以及通过积极争取省级专项转移支付资金、发行企业债券、资产证券化、银行贷款等方式充分发挥有效投资对促进经济增长的关键性作用。

强化旅游资金支持。加大财政支持力度，逐年增加旅游发展专项资金，重点用于扶持一体化旅游规划、一体化项目策划、特色旅游产品创建、联合旅游宣传促销、客源市场共同开发、旅游信息化建设与整合、旅游教育培训、旅游资源保护、旅游项目建设、景区配套设施建设及维护、乡村旅游提升、旅游行业管理等。对全域旅游重大建设项目优先纳入旅游投资优选项目名录，优先安排政府贷款贴息。

10.5.2 用市场逻辑和资本力量推动一体化

加快推动供应链一体化。一方面，政府抓紧研究相关政策措施，把被抑制、被冻结的消费释放出来，把疫情防控中催生的新型消费、升级消费培育壮大起来，加快推动新经济应用场景推广运用。另一方面，进一步优化供应链体系和产能布局，不断提升供应链一体化配套水平，鼓励企业创造出更多适应市场未来发展变化的新产品、新服务。

创新旅游投融资机制。除传统融资渠道外，进一步探索信托、融资租赁（售后回租）、企业债、公司债、中期票据、短期融资券、股权基金、产业基金、城市发展基金、PPP、REITs等融资方式，使投资建设项目找到最适合、最匹配的融资渠道和融资方式。推进旅游资产证券化试点，促进旅游资源市场化配置，因地制宜建立旅游资源资产交易平台，鼓励有条件的地方政府设立旅游产业促进基金，引导各类资金参与全域旅游建设，鼓励开发性金融为全域旅游项目提供支持。

规范竞争行为，统一市场准入标准。共建阆苍南区域商品物流共同市场、土地储备交易共同市场、信用证用共同市场等，保障三县（市）要素自由流动和优化配置。探索制定阆苍南产业发展负面清单，建立健全以亩均绩效、节能减排、科技创新、技术改造为基础要素的企业分类综合评价制度，实施差别化奖惩措施。消除商事主体异地迁址变更登记隐形阻碍，探索"一照多址、一证多址"企业开办经营模式，加快取消具有相应资质的设计、施工企业异地备案手续，推动各类审批流程标准化和审批信息互联共享。建立阆苍南市场监管协调机制，统一监管标准，推动执法协作及信息共享。探索建立食品药品联动实时监控平台，推进食品安全检验检测结果互认。

优化营商环境，建设开放统一透明大市场。加快转变政府职能，提升行政效能，优化提升政务服务能力，完善"最多跑一次""互联网+政务服务"。深化行政管理体制改革和"放管服"改革的协同合作，同步清理、废除妨碍市场统一和公平竞争的各项规定与做法，着力营造良好的营商环境。

提升农村营商环境，吸引文旅投资。加大农村环境整治力度，做好重点路段、区域道路养护提升，改善水利、电力等基础设施，做强农村集体经济，美化农村人居环境，提高农村治理水平。结合土地改革、产权制度改革，保障农民和村集体应有权益，并进一步降低资本投资风险。

10.6 推进巩固拓展脱贫攻坚成果与乡村振兴有效衔接

阆中、苍溪、南部作为曾经的国家级贫困县，巩固脱贫攻坚成果、加快衔接乡村振兴任重道远。下一步还需紧抓政策扶持机遇，大力发展特色产业赋能全面振兴，持续创新要素保障机制。

10.6.1 紧跟国省政策导向，积极争取政策帮扶

继 2020 年实现全面小康、脱贫攻坚任务完成后，帮扶工作重心转向解决相对贫困，帮扶工作方式由集中作战调整为常态推进，重点推进巩固脱贫攻坚成果同乡村振兴有效衔接，下一步不脱钩、接续帮。2020 年底中央农村工作会议指出，脱贫攻坚目标任务完成后，对摆脱贫困的县，从脱贫之日起设立 5 年过渡

期。过渡期内要保持主要帮扶政策总体稳定，并逐步实现由集中资源支持脱贫攻坚向全面推进乡村振兴平稳过渡。

2019年，四川省委发布的《关于坚持农业农村优先发展推动实施乡村振兴战略落地落实的意见》明确提出，要做好脱贫攻坚与乡村振兴的衔接，将已摘帽的贫困县优先纳入乡村振兴战略支持范围。2020年，四川省委1号文件《关于推进"三农"工作补短板强弱项 确保如期实现全面小康的意见》强调，对已实现稳定脱贫的县，将根据实际情况统筹安排专项帮扶资金，加强对非贫困县、非贫困村脱贫攻坚的支持；把解决相对贫困问题纳入实施乡村振兴战略统筹安排，将有效的、管长远的脱贫攻坚举措逐步调整为支持乡村振兴的常态化帮扶措施。

阆苍南应进一步强化抱团意识，以三县（市）作为一个整体积极申请相关政策扶持，牢牢把握5年过渡期政策机遇，把走向乡村振兴的步伐迈稳、走好，并抓紧研究制定自身脱贫攻坚与实施乡村振兴战略有机衔接的政策举措。积极拓展合作，打响品牌，谋划举办成渝乡村振兴发展论坛、川东北乡村振兴发展论坛，邀请邀请有关部委领导、专家出席，发表交流乡村振兴领域的理论成果。

10.6.2 抓好扶贫产业后续发展，构建防止返贫长效机制

帮助脱贫人口发展生产，建立巩固脱贫的长效机制。产业发展是推进乡村全面振兴的重要基础，三县（市）应积极联合发展乡村旅游产业，加快推动农村一二三产业融合发展，做强特色优势农业和中医药产业等富民产业，吸纳脱贫人口就业、增加脱贫群众收入，赋予农民持续"造血"能力。强化项目支撑，积极推动更多农户通过"土地确权流转+企业合作"模式，推广规模化种植、加工产业发展，形成更高效的帮扶产业发展带动机制。依托阆苍南协同发展合作示范区建设，建立对口帮扶项目、东部产业转移项目、川港澳文旅合作项目、成渝文创合作项目等带动脱贫人口就业和增收的帮扶挂钩机制，拉动本地脱贫人口多参与旅游、文创、手工制造等产业就业。

> **专栏 10-6　杨氏果业晚柑产业带动贫困户搭上"产业快车"**
>
> 　　2015年，阆中农业农村局招引杨氏果业有限公司进驻洪河水片区，将扶贫开发与发展现代农业紧密结合，连片建设万亩脱贫奔康产业园。通过建立"企业+支部（专合社）+贫困户"模式，以支部（专合社）为纽带，洪山镇与杨氏果业在"技术、种苗、农资、销售、务工"等方面签订合同，对贫困户种植的园区实行产前提供种苗—产中提供技术—产后提供销售等服务，采取流转、托管、互换等方式，规模集中建设水果产业小微园区，为每户贫困户落实一至三亩果业地，引导贫困户发展产业长期增收。另外，杨氏公司组织支部（专合社）推荐的贫困户创业学习，提高劳动者技能水平与综合素质，根据学习情况，有针对性地用工，实现本地就业。
>
> 　　在阆中，杨氏果业成立了专业合作社，已纳入35个村。杨氏果业与农户签订生产、收购合同，发展订单农业。种子、肥料低于市场平均价发放给农户，对部分缺资金、缺技术的农户，进行无偿提供。同时根据自身生产经营状况，向农户返还加工、销售环节的利润；聘请业内专家，定期举办粮果粮菜套作业务培训，提升产量、质量，实现产品优质化。今后还计划带动周边农户发展20万亩，预计20万亩优质农产品基地投产后，每年可产鲜果75万吨，实现果品收入22.5亿元，亩均收益7500元。
>
> 　　江东园区洪山片晚熟柑橘产业基地已拓展至6000亩，解决了近2000名剩余劳动力就近就业，吸纳产业资金入股近100万元。目前，6000多亩的杨氏果业江东园区已连片成规模，柠檬及柑橘产业即将挂果量产。依托园区大力发展乡村旅游，游客接待中心、观景平台、马拉松赛道规划建设工作正快速推进。
>
> 　　资料来源：http://news.youth.cn/gn/201602/t20160224_7667036_1.htm

　　完善要素保障机制，筑牢稳定增收根基。立足生态资源禀赋和地理条件，坚持走特、精、优的产业化路子，优化特种养殖特色果蔬立体农业产业发展思路，持续推动农牧业产业结构调整升级。激发产业助农稳定增收动力活力，坚持"人无我有，人有我优"原则，完善融合发展机制，形成乡乡有产业，村村有实体，户户有门路的增收格局。积极推进建立解决相对贫困长效机制试点工作，加强相对贫困对象动态监测，健全社会参与和市场跟进的帮扶机制。支持龙头企业与农民合作社、家庭农场组建产业化联合体。用好城乡建设用地增减挂钩、涉农资金统筹整合试点、现有财政相关转移支付、贷款贴息、政府采购、乡村振兴相关税收优惠等政策。做好金融服务政策衔接，创新乡村振兴融资服务机制，探索统筹整合财政涉农资金办法，完善农业保险体系建设，完善乡村振兴农业产业发展贷款风险补偿金制度。

10.6.3 强化体制机制创新，分类推进美丽乡村建设

完善利益联结机制，拓宽稳定增收渠道。不仅应注重提高农民劳动收入，更要把重点放在提高资产性收入上，推动资源变资产、资金变股金、农民变股东。鼓励集体或个人以各种方式入股或参与农业市场主体发展生产，推进企业专合组织与农户等主体间紧密联结。大力探索适合本地实际的土地流转形式，完善农村土地"三权分置"办法，推广"龙头企业+专合组织+基地+农户"等模式，引导龙头企业、专合组织优先聘用土地流转户。完善股份合作机制，积极推进农村产权制度改革，探索土地流转入股，集体或个人资产入股，财政产业扶持资金股权量化等方式推进产业增效与农民增收双赢。探索"订单+最低收购价+利润返还"等模式，引导市场主体与农户签订购销合同，市场主体提供种畜、种苗、农资等生产资料和生产技术服务，农户按照市场主体的标准和要求进行生产，保证质量达标。农产品收货时，市场主体按照不低于保护价的价格进行收购，解决农产品销售难题，保证农民预期收益。

分类推进乡村发展建设，加快建设美丽宜居乡村。顺应城镇化发展规律，按照人口外移和回流趋势，对村庄布点进行优化调整，稳步推进空心村搬迁撤并。坚持因地制宜，分类指导，按照城郊融合、集聚提升、特色保护和搬迁撤并四种类型，分类推进村庄建设。构建乡村生态安全格局，分类建设宜居乡村，加快人居环境整治。积极发展休闲农庄、主题公园、农业体验园、农耕文化创意园等精品村寨和田园综合体，全域建设以"小规模、组团式、微田园、生态化"为主要形态、以规模经营现代农业为主要生产方式的现代新村。

10.6.4 推动帮扶与技能培训协同，强化振兴人才培育引进

培养农民就业创业技能。要巩固脱贫成果必须坚持力度不减，坚持问题导向，坚持统筹兼顾，培养农民就业创业技能，确保持续增收。改进帮扶方式方

法，建立正向激励机制，更多采用产业奖补、劳务补助、以工代赈等机制，弘扬自力更生、勤劳致富的正能量。加快培养新一代爱农业、懂技术、善经营的新型职业农民，探索田间课堂、网络教室等培训方式，支持农民专业合作社、专业技术协会、龙头企业等主体承担培训。加强农村实用人才队伍建设，扶持培育一批技艺精湛、扎根农村、热爱乡土的农业职业经理人、经纪人、乡村工匠、文化能人和非遗传承人，充分发挥其带领技艺传承、带强产业发展、带动群众致富的作用。

加大对返乡创业的支持。按照适地适业原则，加强农村致富带头人、返乡创业人员，大学毕业生、农民工等重点群体职业技能培训，创新实践订单、定向等培养方式，切实提高培训实效和就业率。健全覆盖城乡的公共就业创业服务体系，推进基层公共就业设施建设。

建立优秀人才服务农村的政策与机制。围绕乡村振兴紧缺急需的各类人才，研究制定相关配套政策，鼓励更多优秀人才向农村流动。建立符合农村地区特点和需要的专业技术职称评价标准和机制，提高农村教育、医疗、文化、技术推广等公共服务领域高级职称比例。对深入农村从事创新创业的优秀人才，健全完善税费减免、融资贴息、设施补助、创业资助、个人奖励等扶持政策。

主要参考文献

安树伟，王宇光．2017．沿海三大区域产业协作比较的研究综述．区域经济评论，2：141-145．

樊杰，郭锐．2021．"十四五"时期国土空间治理的科学基础与战略举措．城市规划学刊，3：15-20．

冯云廷．2013．飞地经济模式及其互利共赢机制研究．财经问题研究，7：94-102．

顾朝林，郭婧，运迎霞，等．2015．京津冀城镇空间布局研究．城市区域规划研究，7（1）：95-96．

贺子轩，王庆生．2020．文化和旅游公共服务融合提升路径研究——以天津市为例．中国商论，5：79-82．

冷志明．2005．中国省际毗邻地区经济合作与协同发展的运行机制研究．经济与管理研究，4（7）：62-65．

李国新，李阳．2019．文化和旅游公共服务融合发展的思考．图书馆杂志，38（10）：29-33．

李景海．2013．以"分利联盟"推动区域产业转型升级：理论思考与政策改进．暨南学报（哲学社会科学版），7：47-54．

李爽，黄福才，李建中．2010．旅游公共服务：内涵、特征与分类框架．旅游学刊，25（4）：250．

刘玉亭，张结魁．1999．省际毗邻地区开发模式探讨．地理学与国土研究，4（4）：45-49．

罗若愚，赵洁．2013．成渝地区产业结构趋同探析与政策选择．地域研究与开发，32（5）：41-45．

马学广，李贵才．2011．全球流动空间中的当代世界城市网络理论研究．经济地理，31（10）：1630-1637．

马燕坤，张雪领．2019．中国城市群产业分工的影响因素及发展对策．区域经济评论，6：106-116．

毛汉英．2017．京津冀协同发展的机制创新与区域政策研究．地理科学进展，36（1）：2-14．

尼尔·博任纳．2020．新国家空间——城市治理与国家形态的尺度重构．江苏：江苏凤凰教育出版社．

钱津．2016．"十三五"重点：县域经济一体化．西部大开发．区域经济评论，3：62-64．

石林．2015．京津冀地区产业转移与协同发展研究．当代经济管理，37（5）：65-69．

索超.2019.中小城市视角下的区域产业协作路径研究——以安徽省全椒县为例.城市发展与规划论文集,696-700.

王海波.2006.浅谈我国区域经济的发展与问题.金融经济(理论版),9:45-46.

吴缚龙,高雅.2018.城市区域管治:通过尺度重构实现国家空间选择.北京规划建设,4(1):6-8.

吴国清.2014.跨行政区旅游公共服务一体化提供机制设计.商业经济与管理,5:45-50,59.

向晓梅.2010.区域产业合作的机理和模式研究——以粤台产业合作为例.广东社会科学,5:31-36.

肖菲.2016.尺度重构视角下新中国成立六十年来区域发展战略的演变:规划60年:成就与挑战——2016中国城市规划年会论文集(10城乡治理与政策研究).北京:中国建筑工业出版社,495-501.

徐菊凤,潘悦然.2014.旅游公共服务的理论认知与实践判断——兼与李爽商榷.旅游学刊,29(1):27-38.

杨海华.2019.尺度重组视角下中国城市群空间重构探究.区域经济评论,4(2):140-146.

殷洁,罗小龙,肖菲.2018.国家级新区的空间生产与治理尺度建构.人文地理,33(3):89-96.

于迎,唐亚林.2018.长三角区域公共服务一体化的实践探索与创新模式建构.改革,12:92-102.

赵玲玲,张仁杰.2010.珠三角产业转移及其工业园管理研究.经济研究参考,40:15-17.

朱晓.2005.谈政府在县域经济发展中的定位和作为.前沿,11:171-173.

Howitt R. 1998. Scale as relation: musical metaphors of geographical scale. Area, 30 (1): 49-58.

Jonas A. 1994. The scale politics of spatiality. Environment and Planning D: Society and Space, 12/3: 257-264.

Lefebvre H. 1991. The Production of Space. Cambridge: Blackwell.

Marston S. 2000. The social construction of scale. Progress in Human Geography, 24 (2): 219-242.

Swyngedouw E. 1997. Neither global nor local: 'glocalization' and the politics of scale//Cox K. Spaces of Globalization. New York: Guilford.

后　　记

　　川东北地区是国家发展和改革委员会城市和小城镇改革发展中心（以下简称"中心"）长期跟踪研究和实践的区域。早在 2014 年，中心就为川东北的阆中市谋划新型城镇化与城乡融合发展战略，阆中市也因此成为了国家第一批新型城镇化综合改革试点。2020 年 8 月，为贯彻落实四川省委"一干多支、五区协同"发展战略，响应四川省原省委书记彭清华关于"加快推进阆苍南协同发展进程"的要求，阆中市、苍溪县和南部县特联合委托中心编制《阆中苍溪南部一体化协同发展总体战略规划》。任务确定后，中心高度重视，成立了由副总规划师顾永涛为组长、刘长辉为副组长的课题组，组织中心青年科研骨干积极参加，本书的部分内容来源于该规划。

　　为了夯实课题研究基础，2020 年 8~10 月，课题组多次赴阆苍南三县（市）开展实地调研，召开座谈会 10 余次，深入了解阆苍南区域的现状、问题和发展诉求。2020 年 10 月 18 日，课题组在成都召开阆苍南区域一体化专家研讨会，四川省发展和改革委员会、自然资源厅、交通运输厅、社会科学院等相关职能部门的专家参会，共同研讨课题，针对阆苍南一体化发展提出了许多有建设性的建议。课题组经过认真细致的梳理、总结、提炼，形成了《区域一体化发展在县（市）层面的创新探索——四川省阆中苍溪南部三县（市）的调研》研究报告，报四川省委省政府审阅，获得了四川省原省委书记彭清华同志的重要批示。2021 年 10 月，课题组完成了《阆中苍溪南部一体化协同发展总体战略规划》专家及部门评审工作，得到专家及地方政府的一致认可。

　　课题的工作告一段落，围绕县级单元区域协调发展的研究还在继续深入。为了给同类型地区的区域协调发展提供参考和借鉴，课题组在《阆中苍溪南部一体化协同发展总体战略规划》的基础上，扩大了研究的广度和深度，重点针对县级单元一体化发展的难点问题、具体路径、制度改革进行深入探索，提出了创新性的观点和政策建议，并最终形成本书。

　　本书是课题组集体努力的成果，顾永涛负责本书研究框架、研究思路的统筹设计，总体把关，修改和审定稿件；刘长辉协助组织协调、撰写部分主体内容并对负责本书进行了的统稿；周君、秦静、王雪娇、文雯共同参与了本书撰写工作。

本书的出版要感谢在研究过程中给予指导帮助的领导和专家，感谢民盟中央经济委员会冯奎副主任的指导，感谢阆中市发展和改革局李兵局长和李茂昌科长、阆中市市场监督管理局李成局长、苍溪县发展和改革局陈林局长和向春荣主任、南部县政协谢瑛副主席及发展和改革局何周伦副局长等同志的协助。

区域协调发展是一个历史过程，县级单元一体化发展是一个需要不断探索的问题，我们虽然尽了很多心力，发现了一些问题，揭示了一些规律，提出了一些思路，形成了一些建议，但与理想的成果还有不小的距离，有些内容还可以更加深入，有些表述还有待进一步斟酌，有些判断还需要时间的检验。由于能力和时间等原因，不少缺憾还有待在今后进一步研究，书中引用的观点、数据和资料，我们尽可能给予标注，但也难免有所遗漏，还请各位同行和读者谅解、批评指正。

作　者

2022 年 7 月

于北京木樨地北里